ANA

CW00456307

PICKWICK

GIACOMO NAVONE
MASSIMO DE DONNO

GENIO
IN 21 GIORNI

Prefazione di Luca Lorenzoni

Sperling & Kupfer

www.pickwicklibri.com
www.sperling.it

Genio in 21 giorni
di Giacomo Navone, Massimo De Donno
Proprietà Letteraria Riservata
© 2012 Sperling & Kupfer Editori S.p.A.

ISBN 978-88-6836-118-1

I edizione Pickwick gennaio 2014

Anno 2014-2015-2016 - Edizione   3 4 5 6 7 8 9 10 11

A tutti i nostri istruttori e collaboratori,
per l'entusiasmo e la passione che dimostrano ogni giorno.

Indice

Parte seconda
Tecniche di lettura veloce

Parte terza
Le mappe mentali

Parte quarta
Le mnemotecniche

Parte quinta
Imparare a gestire il tempo
e potenziare la tua mente in 21 giorni

Appendice

Prefazione

Cɪ sono momenti nella vita che ti cambiano il destino.

Venerdì 10 luglio 1998 iniziò il mio primo corso sulle tecniche di memorizzazione e, allora diciannovenne, non potevo sapere che grazie a quel seminario avrei vissuto una serie di meravigliosi eventi che ho utilizzato al meglio per diventare l'uomo che sono ora.

Il mio primo contatto con le tecniche di apprendimento avvenne durante una fiera campionaria a Padova, la mia città natale.

Passeggiavo nei corridoi pieni di stand promozionali, annoiato e risentito dal fatto di essere stato quasi trascinato e obbligato a essere lì, quando mi si avvicinò un ragazzo che mi porse un volantino.

Probabilmente è capitato anche a te di essere fermato per strada da qualcuno con un volantino in mano, e so cosa hai pensato nei primi istanti, perché è la stessa reazione che ho avuto io... *Che palle! Ma tra tutta questa gente doveva fermare proprio me? E adesso come me lo tolgo dai piedi?*

All'epoca ero una persona davvero poco paziente eppure quel ragazzo riuscì a catturare la mia attenzione.

Mi spiegò che avevano organizzato un corso di tecniche di memoria, mi parlò dei risultati che avrei potuto ottenere e di quanto tempo avrei risparmiato nello studio. La parola che usava più spesso era «straordinario». La pronunciò almeno dieci volte.

La sua spiegazione mi colpì, ma il mio animo un po' «sbruffone» non voleva ammetterlo.

Il momento che non potrò mai dimenticare fu quando, proprio di fronte ai miei occhi, memorizzò in diretta venti cifre di un numero che io stesso gli avevo dettato. In quel momento iniziai a pensare a tutti gli esami che non avevo ancora dato (ne avevo sostenuto uno solo in un anno di università), agli anni fuori corso e al tempo che avevo sprecato rimanendo fermo a guardare. Pensai che se avessi potuto avere la sua tecnica di studio allora sarei diventato invincibile. L'Iron Man della memoria! (In effetti l'autostima non mi mancava per niente!)

Anthony Robbins sostiene che è nel momento delle decisioni che si forgia il proprio destino. Be', in effetti la decisione di partecipare alla presentazione gratuita che quel ragazzo mi stava proponendo ebbe un impatto determinante sulla mia vita.

Tornai a casa entusiasta. Frequentare quel seminario mi avrebbe permesso di acquisire gli strumenti necessari per ottenere i risultati che in quel momento stavano diventando sempre più importanti per me. Purtroppo però non potevo pagarmelo e così ne parlai con i miei genitori, che accettarono di anticiparmi il denaro. Glielo avrei restituito lavorando durante le vacanze.

Frequentai il corso e per tutta l'estate successiva imballai gommapiuma in un capannone a 40 °C per mettere insieme la cifra (un milione e ottantamila lire dell'epoca) da restituire ai miei.

Immaginatevi il mio stato d'animo una volta seduto sulla sedia con il mio manuale del corso. Dovevo necessariamente imparare tutto. Mentre studiavo mi sembrava di riuscire a sentire il caldo del capannone che di lì a poco sarebbe diventato «il mio ufficio» e il rumore della gommapiuma mentre veniva imballata… Dovevo far valere l'investimento. A tutti i costi!

Premetto che il corso che frequentai a diciannove anni era ben lontano da quello che è il corso Your Magister oggi. Mi vennero spiegate le mappe mentali in quindici minuti, il tutoring non esisteva e l'assistenza lasciava un po' a desiderare. Ma io avevo una validissima ragione per far fruttare il mio investimento.

E così feci. Misi in pratica tutto quello che avevo imparato, cercai nuovi metodi e nuove strategie. Alcune le personalizzai, altre le inventai dopo diversi tentativi. Ma fu soddisfacente. Nell'anno successivo diedi tutti gli esami universitari del primo e del secondo anno.

Da allora la mia vita è decisamente cambiata.

Ho iniziato la collaborazione con l'azienda con cui avevo fatto il corso. Questa attività mi ha permesso di avvicinarmi al mondo della crescita personale. Mi ha insegnato tante cose. Una su tutte: a essere l'uomo che sono oggi.

Se dovessi elencare tutto ciò che ho imparato nel percorso per diventare un docente di tecniche di apprendimento e in seguito un formatore, probabilmente dovrei scrivere un libro… e in effetti è quello che ho fatto!

Ora che ho deciso di dedicarmi esclusivamente all'area di «Crescita personale» e «Motivazione» mi tornano in mente le persone che hanno frequentato i miei corsi. Tante facce, tanti sorrisi, ma soprattutto tanti risultati. Quasi tutte queste persone hanno infatti raggiunto obiettivi grandiosi. Perché dico quasi? Perché solo quelli che hanno applicato ciò che troverai in questo libro hanno ottenuto dei risultati.

Quindi il consiglio che mi sento di darti davvero di cuore è: applica, prova, sperimenta, personalizza.

Fai in modo che le tecniche diventino *tue*.

Esercitati e mettiti in gioco, senza pregiudizi e pensieri del tipo: *Non ce la farò mai!* o *Non sono portato, non ci riesco!*

Perché è questo lo scopo che devi avere se stai per leggere questo libro. Devi avere fame di risultati. Devi avere voglia di chiedere di più a te stesso: non devi *fare* la differenza, devi *essere* la differenza nella tua vita.

In tredici anni di docenza, ma soprattutto in quattro anni da padre di due splendide bambine, ho capito che chi ottiene più risultati nella vita è chi si ricorda di essere stato bambino.

Perché i bambini che si lanciano con entusiasmo nelle nuove sfide, non pregiudicano qualcosa semplicemente perché è nuovo, non conoscono il significato di «stupido», «sciocco» o «imbarazzante». I bambini si divertono con tutto e con niente, hanno la capacità di fidarsi degli altri e tirano fuori una grinta e una forza tali da farti pensare che la parola «impossibile» sia totalmente estranea.

Questo libro è stato scritto da due persone che da molti anni mi accompagnano nella storia meravigliosa che è la mia vita: Massimo De Donno e Giacomo Navone.

Oltre a essere due grandi docenti e formatori, sono due uomini e due amici straordinari.

Avervi «formati» personalmente mi riempie di orgoglio ogni giorno di più. Vedere quello che avete costruito e la passione con cui lo portate avanti è uno dei maggiori motivi per cui sono fiero di ciò che faccio. Lavorare in questo modo con voi mi fa sentire parte non di un'azienda, ma di una vera e propria famiglia.

La coerenza di Massimo e Giacomo con le tecniche che insegnano è totale e i risultati delle persone che frequentano i loro corsi parlano chiaro.

In ultimo vorrei fare i complimenti a te che hai in mano questo libro, per aver scelto di investire tempo ed energie sulla tua formazione e sul tuo miglioramento. Fai in modo che sia un'occasione di crescita e l'inizio di un percorso ricco di risultati.

LUCA LORENZONI

Introduzione

Durante una presentazione del nostro corso di tecniche di memoria, lettura veloce e mappe mentali, una signora che assisteva con la propria famiglia alzò la mano e disse: «Penso che queste tecniche cambino l'apprendimento tanto quanto la lavatrice ha cambiato il modo di lavare gli indumenti. Invece di lavare a mano è nato un sistema altrettanto efficace ma molto più veloce e molto meno faticoso».

L'esempio è estremamente calzante.

L'applicazione delle tecniche insegnate in questo libro viene percepita da chi le utilizza come una nuova e incredibile «tecnologia» che trasforma l'apprendimento in un'attività molto più veloce e molto meno faticosa.

L'idea di pubblicare quest'opera nasce dal desiderio di far conoscere le tecniche di memoria, la lettura veloce e le mappe mentali a quante più persone possibile, perché come amava dire Henry Ford: «Si può parlare di progresso solo quando i vantaggi di una nuova tecnologia diventano accessibili a tutti».

Purtroppo l'arte di apprendere che viene insegnata a ogni bambino all'inizio del suo percorso scolastico si basa sul classico e alquanto inutile, noioso e dispendioso «leggere e ripetere». Niente di più distante dall'apprendimento efficace che viene spiegato in questo libro. La meravigliosa potenzialità del cervello umano e la sua capacità di acquisire nuove nozioni devono essere utilizzate seguendo il suo «libretto di istruzioni». Le pagine successive possono essere considerate un manuale, una guida per usufruire a pieno del potenziale della nostra mente. Alla fine della lettura, se avrai seguito le indicazioni e svolto gli esercizi, potrai trasformare i risultati del tuo apprendimento e centrare obiettivi che la maggior parte delle persone considerano impossibili o incredibili.

Leggere al doppio della tua velocità attuale mantenendo invariato il livello di comprensione e di dati immagazzinati, imparare un migliaio di vocaboli di una nuova lingua straniera in un mese dedicandoci solo una ventina di minuti al giorno: sono soltanto due esempi delle innumerevoli possibilità che le tecniche insegnate ti offrono.

Le tecniche di memoria, la lettura veloce e le mappe mentali sono, in realtà, solo una parte dell'apprendimento efficace. L'obiettivo primario del libro è la completezza, pertanto è possibile potenziare e migliorare ogni singola fase di questo processo. Al termine della lettura avrai incrementato le tue capacità di:

- Lettura.
- Analisi del testo.
- Prendere appunti e costruire schemi.
- Memorizzare velocemente qualsiasi tipo d'informazione e mantenerla a lungo termine.
- Gestire il tempo.
- Avere una mentalità, un approccio e un atteggiamento più funzionali al raggiungimento dei tuoi obiettivi.

Utilizzare questo testo è estremamente semplice. Per ogni argomento trattato ci sono esempi pratici ed esplicativi, oltre che esercizi mirati a migliorare subito la tua capacità di applicare le nuove strategie.

Troverai inoltre una serie di spunti di riflessione ed esercizi aggiuntivi scelti da professionisti esperti per aiutarti a diventare autonomo in 21 giorni.

L'eserciziario con il quale si conclude il volume può essere utilizzato come programma per padroneggiare rapidamente le tecniche imparate ed essere dunque in grado in breve tempo di utilizzarle secondo le tue esigenze.

Ulteriori esempi e applicazioni si possono scaricare gratuitamente dal sito Internet www.yourtrainersgroup.com

Le tecniche contenute nelle prossime pagine e tutti i servizi collegati al libro sono strumenti potentissimi nelle mani di chi ha voglia di impegnarsi per ottenere risultati straordinari: non resta che iniziare.

Buona lettura.

PARTE PRIMA

L'arte di imparare

*Il dubbio o la fiducia che hai nel prossimo
sono strettamente connessi con i dubbi e la fiducia
che hai in te stesso.*

KAHLIL GIBRAN

I

Chi ben comincia...

Studio, formazione, apprendimento e aggiornamento:
davvero qualcuno è più portato?
Da dove nascono le convinzioni
Come rimuovere i blocchi che impediscono di imparare

«Non sono portato...»

Nell'ambito dell'apprendimento ciò che a volte inizia come una piccola difficoltà in una materia può trasformarsi con l'andare del tempo in un problema più serio.

Per esempio ci convinciamo, errore dopo errore, che quella disciplina non fa per noi: continuiamo a sbagliare e non capiamo che gli errori fanno parte di un normale processo di apprendimento. Cominciamo ad associare a quella materia dolore, paura del fallimento e della critica. Nella mente s'innesca quel diabolico meccanismo per cui, quando ci si trova di fronte a un compito da svolgere, si avranno due difficoltà da affrontare: quella intrinseca alla prova e l'ansia di sbagliare, che naturalmente predispone al fallimento.

Questo vale in qualsiasi altro campo: quante volte ti è sembrato di non capire un workshop di formazione che invece sarebbe fondamentale per la tua carriera? O di abbandonare un corso di lingua perché «l'inglese non mi entra in testa»? Oppure di non riuscire a organizzare il tuo discorso in una riunione con i grandi capi, con il risultato di sembrare molto meno competente di quanto sei? O più semplicemente di non tenere il passo con tutte le circolari, le relazioni, le letture di approfondimento che dovresti seguire per essere sempre aggiornato?

È così che nasce l'«incapacità appresa», quando ci si convince di non saper fare qualcosa e si associa tale incapacità al proprio modo di essere, alla propria identità, percependola come parte di sé, personale, persistente e pervasiva. È il famoso «non sono portato per…» E si rinuncia.

È tutta colpa delle tre P, perché crediamo che la nostra incapacità sia:

1. *Personale*, cioè legata alla nostra identità. Si pensa alla nostra incapacità come a qualcosa che è scritta nel nostro DNA.
2. *Permanente*, perché abbiamo la sensazione che non sia possibile cambiare questa situazione, e dunque pensiamo di non poter migliorare.
3. *Pervasiva*, perché ogni ambito della nostra vita può essere intaccato dalla convinzione generale di non essere bravi abbastanza.

L'incapacità appresa trae le sue origini dalle «credenze depotenzianti», ossia dai pensieri che diminuiscono il potere personale, convincendoci che abbiamo meno potenzialità di quante ne possediamo veramente.

Ognuno di noi mette in atto strategie che gli permettono di evitare la delusione di un possibile fallimento, ma così corriamo il rischio di restare bloccati quando facciamo l'errore di associare il nostro personale valore alla qualità dei risultati ottenuti.

Basta crederci! Nel bene e nel male…

Queste credenze depotenzianti minano la sicurezza e ci impediscono di esprimere tutte le nostre capacità. Ma il meccanismo mentale negativo che è causa delle peggiori difficoltà può essere volto in positivo e generare «credenze potenzianti» che ci permettono di mettere pienamente a frutto le nostre doti.

Molti tra i formatori più autorevoli nel campo della crescita e dello sviluppo delle risorse umane riassumono questo meccanismo con la seguente formula, che è alla base del loro insegnamento:

▶ PENSIERI
    ▶ EMOZIONI
        ▶ ENERGIA
            ▶ AZIONI
                ▶ RISULTATI

La formula si legge così: «I risultati di una persona sono il frutto delle sue azioni, che a loro volta sono influenzate dalla sua energia e dal suo stato emotivo, che è direttamente legato al tipo di pensieri che questa persona ha su di sé, rispetto a ciò che sta facendo», o più semplicemente:

Ciò che credi, realizzi.

L'insieme di credenze che costituiscono il modello di apprendimento di ognuno di noi è composto innanzitutto dalle informazioni e programmazioni che abbiamo ricevuto in passato, in particolare nei primi anni di vita.

È facile immaginare quali siano state le fonti principali: genitori, fratelli, sorelle, amici, insegnanti o anche autorità in campo religioso, mezzi di comunicazione, cultura eccetera. A ogni bambino viene insegnato come pensare e agire, e tali insegnamenti diventano il suo *condizionamento* e la sua *programmazione*. In questo modo acquisisce un vero e proprio sistema di credenze che a sua volta si traduce in risposte automatiche che valgono per tutta la vita, o almeno fino a quando non ne prende atto e decide di intervenire attivamente e cambiarle.

Le esperienze del passato che condizionano il presente

Si è detto che i pensieri generano diverse emozioni, e che queste ultime influenzano la qualità e la quantità delle azioni che vengono intraprese per ottenere un certo tipo di risultato.

Le domande più interessanti potrebbero essere:

1. Da dove vengono i pensieri?
2. Per quale motivo le persone attribuiscono allo stesso evento significati completamente diversi l'una dall'altra?

I *pensieri* nascono dalle *esperienze*, dalla *programmazione* e dai *condizionamenti* ricevuti nel passato.

Quindi per ottenere risultati bisogna cambiare il proprio condizionamento o la propria programmazione se essi si rivelano inefficaci o improduttivi.

Il condizionamento in ogni area della vita avviene prevalentemente in tre modi:

1. *Programmazione verbale*, cioè che cosa ti veniva detto su un determinato argomento quando eri piccolo o giovane. Per esempio, come veniva commentata la tua attitudine allo studio, alla lettura e alla cultura in generale? Tutte le affermazioni che hai sentito sono rimaste nel tuo inconscio e contribuiscono a creare le tue credenze su quell'argomento.
2. *Modeling*, cioè che cosa hai visto fare. Da bambini si impara quasi tutto attraverso l'imitazione e l'emulazione. Qual era l'atteggiamento dei tuoi genitori o tutori nei confronti dell'apprendimento?
3. *Episodi specifici*, cioè che cosa hai sperimentato personalmente. Ognuno di noi ha vissuto avvenimenti particolari che hanno consolidato le credenze di base del suo modo di pensare. Quali sono state le esperienze più significative nell'ambito dell'apprendimento? Quali i rapporti con gli insegnanti e i compagni? Quali le emozioni legate allo studio?

Dal momento che le esperienze forgiano le convinzioni e le credenze, è importante ricercare quegli episodi del passato che stanno condizionando le scelte e le sensazioni del presente, poiché l'unica cosa che conta di un evento è il significato che gli attribuiamo. Avere questa consapevolezza è la *conditio sine qua non* per intraprendere il cambiamento.

Cambiare prospettiva

Come cambiare tale attitudine negativa? Ci sono quattro elementi chiave su cui possiamo agire per innescare il cambiamento, ciascuno dei quali è essenziale per riprogrammare il modo in cui impariamo.

Il primo è la *consapevolezza*: non è possibile cambiare qualcosa se prima non se ne conosce l'esistenza. Dobbiamo mettere a fuoco gli ostacoli personali – le credenze appunto – che ci impediscono di raggiungere i nostri obiettivi; solo a quel punto saremo in grado di combatterli.

Il secondo è la *comprensione*: se si riesce a capire da dove nasce il proprio modo di pensare, ci si può rendere conto che proviene dall'esterno. Cioè non è una caratteristica connaturata a noi e come tale insuperabile.

Il terzo è la *dissociazione*: quando si capisce che questo modo di pensare porta nella nostra vita incredibili svantaggi e dolore, la mente percepisce la necessità di prenderne le distanze e liberarsene, a patto che ci sia la voglia di ottenere risultati migliori. È più facile farlo se cominciamo a osservare quel modo di pensare per quello che è realmente, cioè un «file di programmazione» immagazzinato nella nostra mente tanto tempo fa e che forse non ha più alcuna verità o valore.

Il quarto e ultimo elemento del cambiamento è il *ricondizionamento*. Chi frequenta corsi di formazione specifici viene guidato alla scoperta dei risultati straordinari che le tecniche di apprendimento permettono di ottenere. Vivere la sensazione di avere raggiunto traguardi che mai si sarebbero immaginati possibili permette di ricondizionare il proprio modello, per riaddestrare la mente a rispondere in modo più incoraggiante e fiducioso allo studio o all'aggiornamento.

Le persone che ottengono più facilmente risultati hanno dimostrato di avere delle credenze comuni. Le ricerche evidenziano, cioè, che la «programmazione» di successo ha determinate caratteristiche e che riprogrammare il proprio modello di pensiero con tali credenze predispone a ottenere risultati migliori. Ecco alcune di queste «credenze» che devi fare tue:

Ciò che è stato fatto una volta può essere fatto ancora.
Ciò che ha fatto un uomo può farlo un altro.
Ciò che la mente di un uomo può concepire può essere realizzato.

Di ogni evento la cosa più importante è il significato che gli si attribuisce. Impariamo ad attribuire un significato utile e positivo alle nostre esperienze e a rimuovere quelli negativi che derivano dal passato: nulla accade per caso e in ogni situazione si può imparare qualcosa che dia più valore alla nostra vita.

L'impegno a migliorarsi paga sempre e un impegno straordinario porta a risultati straordinari!

2

Imparare a imparare

Come evitare trappole ed errori
I migliori esempi: i bambini
Le caratteristiche fondamentali per imparare
bene e volentieri

Gli errori più comuni

Ognuno di noi nell'arco della vita sviluppa un personale metodo di apprendimento. Generalmente impariamo in modo autonomo, in base all'esperienza diretta; dato che raramente si insegna la tecnica migliore, spesso acquisiamo una serie di abitudini che si rivelano totalmente improduttive.

Premesso che non esiste il metodo infallibile, nel corso del nostro lavoro abbiamo verificato che chi vuole apprendere con efficacia ha bisogno di conquistare, come prima abilità, necessaria ma non sufficiente, la *flessibilità* per adattare il proprio approccio e plasmarlo a seconda degli obiettivi che vuole raggiungere, della tipologia di prova che deve sostenere, delle diverse materie di studio. Per dirla in sintesi, deve calibrarsi sui *risultati* che vuole ottenere.

A oggi il metodo più diffuso per imparare è anche uno dei meno produttivi: leggere e ripetere! Ci sono poche attività più noiose e frustranti, e se alle scuole elementari il carico di lavoro lo permette, l'aumento della mole e la complessità delle informazioni rendono palese e pressante l'esigenza di trovarne uno più efficiente.

La mancanza di una metodologia mirata ci porta a commettere errori molto diffusi, come, per esempio, sottolineare durante la prima lettura, evidenziare troppe informazioni, riassumere per iscritto un testo «copiando e incollando» le frasi più importanti, leggere e ripetere meccanicamente, in modo passivo, studiare per tempi troppo lunghi senza fare pause eccetera. A questi errori, che si definiscono «tecnici», se ne aggiungono altri legati all'atteggiamento mentale.

A scuola non sono previsti insegnamenti quali:

1. Gestione del proprio tempo.
2. Definizione e perseguimento degli obiettivi.
3. Continuità nella concentrazione.
4. Disciplina.
5. Automotivazione.
6. Autostima.
7. Gestione della propria emotività.

Questo libro ti insegna proprio a eliminare dal tuo metodo di studio tutte le abitudini improduttive sostituendole immediatamente con quelle *strategie* e *tecniche* che sono il frutto di anni di ricerca nel campo dell'apprendimento efficace.

Il giusto approccio

Niente paura! Imparare è molto più facile di quello che sembra perché ogni ricerca effettuata con lo scopo di comprendere il funzionamento del cervello umano nell'apprendimento ha creato un «manuale di istruzioni» sempre più dettagliato e preciso. È più facile ottenere risultati da un qualunque dispositivo sapendo come funziona che non andando per tentativi. Ma per ottenere un qualunque risultato non basta sapere cosa bisogna fare, è necessario aver voglia di farlo. Questo significa che ci sono almeno due parametri che concorrono alla realizzazione: *tecnica* e *motivazione*.

Pensa allo sport e considera l'importanza in quest'ambito di gestire in modo ottimale l'emotività lavorando sulle aspirazioni, sui sogni, sulle leve che spingono l'essere umano a ricercare l'eccellenza.

Ciò che distingue un ottimo giocatore da un campione non è banalmente la capacità tecnica, ma il modo in cui viene utilizzata. Tra i grandi campioni, infatti, c'è chi ha avuto una vita piena di successi e chi invece è stato una meteora, scomparendo in breve tempo.

Nell'apprendimento, come nella maggior parte delle attività umane,
l'80 per cento del risultato è rappresentato
dal fattore motivazionale e di atteggiamento,
il 20 per cento è rappresentato dalle tecniche.

Dunque la domanda sorge spontanea:

Qual è l'atteggiamento più funzionale per ottenere
i risultati migliori in questo ambito?

La risposta più corretta si può desumere da chi nell'apprendimento ha raccolto i migliori risultati: il bambino! È stato dimostrato che ciascun essere umano durante lo sviluppo nel corpo materno usa dal 90 al 95 per cento delle proprie potenzialità per crescere. In questa fase della vita la mente umana è sfruttata al meglio.

Prendere esempio dai migliori

«Se c'è qualcosa nel bambino che desideriamo cambiare, dovremmo prima esaminarlo bene e vedere se non è qualcosa che faremmo meglio a cambiare in noi», diceva Carl Jung. Infatti, dopo la nascita, fino ai quattro-cinque anni di età, conosciamo il massimo splendore a livello di plasticità della mente e capacità di apprendimento; si stima inoltre che si imparino più cose nei primi anni che in tutto il resto della vita. Purtroppo, arrivati a sette anni utilizziamo non più del 10 per cento del nostro potenziale. Questo accade a causa del progressivo stratificarsi di schemi e regole che limitano la libertà della mente di esercitare la sua naturale plasticità nel produrre nuove reti neuronali, come accade invece nei primi anni di vita. È quindi dai bambini che dovremmo prendere esempio, come aveva capito anche Pablo Picasso: «Ogni bambino è un artista. Il problema è poi come rimanere un artista quando si cresce».

Basti pensare alla facilità con cui un bambino impara contemporaneamente più lingue. Si pensi a figli con genitori di nazionalità diverse: è sufficiente che papà e mamma parlino la propria lingua con il piccolo e lui, spontaneamente, risponde nella stessa lingua. Un adulto riesce a fare altrettanto? No di certo. Farà molta più fatica a discostarsi dalla sua *forma mentis* e acquisirne una nuova.

Spesso si sente dire che i bambini imparano senza difficoltà perché sono una *tabula rasa*: cosa significa? Forse che ancora non sono stati riempiti di nozioni e quindi è più facile trovare dello spazio vuoto nella loro mente?

No, i bambini non sono contenitori.

Significa piuttosto che hanno delle caratteristiche naturali che con il passare dell'età cambiano. I bambini non hanno pregiudizi nei confronti di loro stessi, del mondo esterno, degli altri, di tutto ciò che rappresenta una novità. Nella loro testa non vi è traccia di pensieri depotenzianti, di credenze limitanti riguardo alle potenzialità personali o di ciò che si pensa sia raggiungibile. Non esiste il concetto di fallimento o di paura del giudizio che predispone l'essere umano a sbagliare! Ha ragione Paulo Coelho quando afferma che «un bambino può insegnare sempre tre cose a un adulto: a essere contento senza un motivo, a essere sempre occupato con qualche cosa e a pretendere con ogni sua forza quello che desidera».

Facendo adesso riaffiorare quella parte bambina che a volte sonnecchia o è messa malamente a tacere ma che non scompare mai del tutto, diviene più facile riscoprire le qualità che hanno permesso a ciascuno di noi di camminare, parlare, pensare, interagire, scegliere, decidere e agire.

Un gioco da bambini

Prova a immaginare un bambino di un anno che gioca in salotto. Viene spontaneo pensare che sia totalmente assorbito da quello che sta facendo, perché i bambini hanno una capacità innata di estraniarsi dal mondo focalizzandosi a pieno su quello che stanno facendo.

La prima tecnica di apprendimento sarà proprio una *tecnica di rilassamento e concentrazione* grazie alla quale si impara a rilassare fisico e mente entrando in una fase di veglia rilassata ideale per imparare (*vedi* Capitolo 3).

Altra caratteristica congenita nel bambino è la capacità di farlo *divertendosi*. Anche scientificamente è stato provato che se ci divertiamo le nostre capacità sensoriali vengono stimolate in maniera rilevante e il cervello registra con più facilità ciò che stiamo vivendo. Inoltre una delle caratteristiche peculiari della memoria è di essere legata alle emozioni: nessuno ha difficoltà a ricordare un episodio della propria vita in cui si è divertito tantissimo, né è necessario ripetere a mente certi avvenimenti per poterli fissare. Non esiste collante più duraturo delle emozioni per tenere i ricordi impressi a lungo.

Eppure il metodo tradizionale prescrive l'uso della ripetizione. Paradossalmente lo strumento più utilizzato per ricordare è quello che sfrutta di meno una delle principali caratteristiche della memoria!

Ancora il bambino ci suggerisce un'altra importantissima caratteristica fondamentale per l'apprendimento. Immaginalo con un giocattolo in mano: vedi che ha voglia di scoprirlo, di capirne il funzionamento, di guardarlo da tutti i punti di vista, anche dal di dentro. Ha lo stesso atteggiamento verso il mondo che lo circonda. La proverbiale *curiosità* dei primati non poteva non appartenere per natura anche all'essere umano. La curiosità dei bambini si esprime al massimo in quella fase di vita detta anche «del perché». Chi l'ha subita sa bene quanto certe domande siano insistenti e possano mettere in difficoltà. Chiedersi il perché delle cose rappresenta lo stimolo a cercare e scoprire, a imparare a elevarsi. Einstein diceva che «la curiosità è l'anticamera dell'intelligenza».

La maggior parte delle persone che si avvicina alle tecniche di apprendimento è dotata di questa caratteristica, essenziale per mantenere viva l'attenzione, per valicare sempre nuovi limiti e arrivare a incessanti e straordinarie scoperte che lasciano meravigliati delle proprie capacità. Se ci si prepara ad affrontare un testo, una relazione, un corso con lo spirito della scoperta è certo più facile uscire da quella sensazione di torpore in cui ci si trova quando si accetta passivamente l'idea di dover studiare.

Un'altra caratteristica fondamentale del bambino è la *creatività*. Sicuramente acquisire punti di vista innovativi e originali, senza rimanere imprigionati negli schemi preesistenti, accedere a quella curiosità che più mette in contatto l'uomo con la sua parte divina con grande disinvoltura e senza sforzo, sono abilità ampiamente riconosciute, anche sotto l'aspetto economico, ai creativi. L'elasticità mentale, la capacità di creare nuovi collegamenti in apparenza inesistenti, utilizzare in modo innovativo le proprie conoscenze sono attitudini innate che possono essere allenate grazie a stimoli ed esercizi specifici (*vedi* Capitolo 9).

Inoltre un bambino ha molta *fiducia in se stesso* e nelle persone che lo circondano, in particolare nei suoi genitori. Anche rispetto all'apprendimento è necessario avere fiducia; porsi nelle mani di chi sa come trasmettere la capacità di apprendere, e quindi affidarsi alle tecniche e alle strategie contenute in queste pagine. Oltre che nei confronti delle tecniche, la fiducia deve essere indirizzata soprattutto verso se stessi. Anche Gandhi insegnava che «l'uomo diventa spesso ciò che crede di essere. Se si continua a dire che non si riesce a fare una certa cosa, è possibile che alla fine si diventi realmente incapaci di farla. Al contrario, se ho fiducia di poterla fare, acquisterò sicuramente la capacità di farla, anche se, all'inizio, magari non ne sono in grado».

Infatti, nessuno è disposto a investire un briciolo della propria energia o del proprio potenziale per qualcosa che ritiene impossibile da raggiungere: il motivo principale per cui chi ragiona in questo modo non riesce è che in realtà non ci ha mai provato davvero. Quando crediamo fermamente di potercela fare e ci sentiamo fortemente motivati, le difficoltà che incontriamo lungo il percorso non sono ostacoli insormontabili. Anzi, spesso diventano un motivo in più per essere orgogliosi di quello che siamo stati disposti a fare per raggiungere il nostro obiettivo; diventano sfide, opportunità di crescita, superamento dei limiti. Qualunque persona saggia mette in conto che per ottenere risultati straordinari dovrà profondere un impegno straordinario.

Un'altra caratteristica che appartiene al bambino è la *tenacia*, la *voglia di riuscire*. Basta pensare a un bebè che impara a camminare: non c'è spazio nella sua mente per un pensiero come *Credo che questa cosa del camminare non faccia per me, chiederò alla mamma di comprarmi la sedia a rotelle...* Il bambino è determinato: fa solo due cose, cade e si rialza e lo fa finché non sta in piedi. Poi arriva anche il momento di festeggiare, perché un bambino non dimentica mai di esprimere completamente la propria gioia quando riesce nelle piccole e grandi cose.

Il bambino ha la capacità di sprigionare un enorme *entusiasmo* che, come diceva Bertrand Russell, «è per la vita quello che la fame è per il cibo», una risorsa fondamentale per realizzare risultati sempre migliori e soddisfare pienamente i propri sogni e le proprie aspirazioni.

Doti innate e non solo

Fin da bambini possediamo tutte queste meravigliose caratteristiche: rendersene conto aiuta a esprimerle meglio, insieme con quelle che si imparano crescendo: la programmazione, la razionalizzazione delle risorse, la capacità di superare i propri limiti, l'essere esigenti con se stessi. È necessario trovare la fiducia che ci permette di essere molto di più della somma delle nostre parti. Solo chi lo fa è in grado di sfruttare al meglio gli insegnamenti che si possono trarre dalla lettura di questo testo. Solo se mettiamo in discussione quello che davamo per certo possiamo fare spazio a qualcosa di nuovo, solo con un atteggiamento mentale positivo e la mente aperta possiamo davvero fare quel salto di qualità che ognuno di noi desidera per se stesso.

Com'è possibile applicare tutto questo allo studio?

Cambiando metodo e impegnandosi: la risposta sta nell'azione. Sicuramente arrivando alla fine del libro chiunque penserà che ci sia un modo più efficace e divertente per studiare. Ma sarà chi avrà deciso di passare all'azione che trasformerà realmente i propri obiettivi in risultati.

La pratica è la madre di ogni abilità
e chiunque voglia ottenere risultati
deve mettere in conto che l'eccellenza si conquista
solo con l'esercizio.

3
Fai un bel respiro

Le condizioni ideali per iniziare
Come rilassarsi
Come raggiungere la giusta concentrazione

Una questione di strategia

Per conseguire i nostri obiettivi nella vita, e non solo nel lavoro, ci sono due condizioni fondamentali che vengono spesso sottovalutate e si rivelano invece imprescindibili: la capacità di rilassarsi e quella di concentrarsi. Tali capacità, infatti, influenzano qualsiasi ambito della quotidianità, e saperle usare, in particolare per gestire lo stress, può modificare il livello dei nostri risultati. Molti credono che queste abilità siano innate nell'essere umano; in realtà entrare in uno stato mentale ed emotivo più produttivo è possibile e alla portata di tutti. Basta applicare alcune semplici strategie che all'inizio forse ti sembreranno superflue, ma appena ti abituerai a usarle potrai verificarne di persona l'efficacia.

Prima rilassati

Il termine «stress» è talmente usato e abusato nel linguaggio comune che spesso molti non ne conoscono né il reale significato, né l'accezione positiva. Lo stress viene definito oggi come la risposta che l'organismo mette in atto quando subisce gli effetti prolungati di svariati tipi di *stressor*, quali stimoli fisici (fatica), mentali (impegno lavorativo), sociali o ambientali (obblighi o richieste del contesto nel quale viviamo). A seconda delle risposte dell'organismo e della mente, lo stress può essere:

- *Eustress*: rappresenta l'aspetto positivo dello stress, cioè la stimolazione fisiologica, la risposta costruttiva dell'organismo che spinge a utilizzare meglio le proprie risorse.
- *Distress*: rappresenta l'aspetto negativo dello stress, risposta dell'organismo che toglie le forze, crea angoscia, paura, panico e spesso rende improduttivi.

Gli effetti più comuni e non patologici dello stress sono la tachicardia, il respiro affannato, le mani sudate, il palato asciutto, la salivazione bloccata o una condizione di ipereccitazione e iperattività. Chi non si è mai sentito così prima di una prova importante, un colloquio di lavoro, una verifica o un esame?

Quando non riusciamo a gestire in maniera efficace il nostro livello di stress, ci ritroviamo in uno stato mentale negativo che rende la nostra performance positiva inferiore alle nostre potenzialità.

A volte bastano piccoli accorgimenti per migliorare i risultati e soprattutto la qualità della vita. Le tecniche di rilassamento sono una meravigliosa strategia che permette di abbassare l'attività cerebrale a un livello più adatto a immagazzinare nuove informazioni, a mantenere la calma nei momenti di forte stress e a scaricare le eccessive tensioni fisiche e muscolari. Quando il cervello è in piena attività, la cosiddetta «fase di veglia attiva» o «fase beta», siamo pienamente coscienti delle nostre azioni, di come reagiamo e interagiamo con il mondo circostante. La «fase alfa» invece viene definita come fase di veglia rilassata e caratterizza i momenti di massima concentrazione o la condizione mentale che segue il rilassamento psicofisico. Siamo rilassati ma coscienti, il cervello è in grado di produrre spontaneamente pensieri associativi e intuitivi, perciò ci troviamo nello stato ideale per la memorizzazione e l'apprendimento.

Per quanto siano in apparenza semplici, le tecniche di rilassamento sono molto potenti e soprattutto di efficacia immediata. Appena

Rilassati in quindici minuti

Adotta una posizione comoda, seduto, con i piedi appoggiati al pavimento, la schiena che aderisce allo schienale, gambe e braccia non incrociate e mani sulle cosce. Fai dei respiri profondi e chiudi gli occhi: ti permetterà di entrare più facilmente in uno stato di rilassamento completo.

La prima fase consiste nel raggiungere il rilassamento fisico: concentrati sul tuo corpo e via via che ti soffermi su ogni singola parte – la testa, il viso, il collo, le spalle, scendendo lungo il busto e le gambe fino ai piedi – liberati di tutte le tensioni. Sentirai che le contratture accumulate nel corso della giornata se ne vanno lasciandoti in uno stato di assoluto benessere. Se ti concedi l'opportunità di farti coinvolgere del tutto sarà anche un'esperienza molto piacevole.

Successivamente inizia la fase di rilassamento mentale. Visualizza la sequenza dei sette colori dell'arcobaleno in ordine, uno per uno. Parti dal rosso, poi arancione, giallo, verde, blu, indaco e infine viola. A ogni colore è associata una diversa lunghezza d'onda che aiuta il cervello a passare dalle onde beta alle onde alfa.

Durante la terza fase del rilassamento, immagina di trovarti in un luogo particolarmente piacevole e riposante, per esempio un prato di montagna o la spiaggia di un'isola all'alba. Pensa a un posto che ritieni tranquillo e rasserenante. Quando ti sentirai perfettamente rilassato, dovrai unire pollice, indice e medio. Questo movimento crea un aggancio mentale tra lo stato emotivo e la posizione delle mani stesse. Ripetendo l'esercizio più volte nell'arco di tre o quattro settimane, il tuo cervello impara ad associare al gesto la condizione di rilassamento mentale, con il vantaggio che, una volta acquisita questa abitudine, non avrai più bisogno di eseguire l'intero esercizio. Per rilassarti ti basterà chiudere gli occhi, fare due o tre respiri profondi, visualizzare i colori e unire pollice, indice e medio.

riuscirai a padroneggiarle, sarai in grado di tenere sotto controllo le situazioni di stress o l'ansia da prestazione che finora ti hanno impedito di dare il massimo. Senza contare che finalmente potrai sfruttare a pieno il tempo che vuoi dedicare a un determinato compito.

Poi concentrati

Il rilassamento da solo non basta. Per affrontare bene una prova anche la concentrazione riveste un ruolo essenziale. La capacità di focalizzare la mente sull'attività che si sta svolgendo, per esempio leggere, risulta determinante per ottenere un buon risultato.

Ognuno di noi raggiunge, con maggiore o minore facilità, la giusta concentrazione, ma ancora una volta non è una capacità innata: dipende, in realtà, da molti fattori e si può migliorare notevolmente con un po' di attenzione. Ecco qualche accorgimento per potenziare la tua naturale capacità.

1. *Condizioni fisiche*: la concentrazione viene influenzata, per esempio, dalla stanchezza. Riposare a sufficienza, fare pause mirate e strategiche (*vedi* Capitolo 14) e curare l'alimentazione sono semplici accorgimenti che garantiscono energia immediata al tuo organismo, maggiore reattività e una mente più fresca e ricettiva. Chiunque lo sa per esperienza: essere riposati e in salute è la condizione base per trovare la giusta concentrazione.
2. *Focus*: sapere dove si focalizza la tua attenzione durante un'attività è un fattore che influenza la concentrazione. Il primo passo utile è porti domande che ti indirizzino verso gli obiettivi prefissati. Per esempio: Cosa voglio ottenere? Quali sono gli obiettivi importanti da centrare? Orientare la mente attraverso domande specifiche è il miglior modo per ricevere risposte precise.
3. *Scopo*: chiediti quali sono i motivi positivi per cui è fondamentale svolgere una determinata azione in un determinato momento. Se focalizzi l'attenzione sul perché stai facendo una specifica attività, stabilisci un coinvolgimento emotivo immediato e, maggiore è il coinvolgimento emotivo, più alto sarò il tuo livello di concentrazione.

PARTE SECONDA

Tecniche di lettura veloce

Chi vuol muovere il mondo, prima muova se stesso.

SOCRATE

4

In fretta e bene
stanno insieme

Le condizioni ambientali per leggere al meglio
Come evitare le distrazioni
Valutare la propria velocità di lettura

Leggere nelle giuste condizioni

Come abbiamo già visto per le tecniche di rilassamento e concentrazione, le condizioni ambientali possono influenzare notevolmente le prestazioni. Lo stesso vale nell'ambito della lettura: tutti conosciamo la differenza tra leggere su un treno affollato o in un bar chiassoso, oppure tranquilli sul divano di casa; c'è differenza anche tra farlo con un sottofondo di musica heavy metal o nel silenzio della nostra camera da letto. Soprattutto se ci troviamo di fronte un testo difficile e noioso che di certo non invita alla lettura!

Quindi prima di affrontare il testo, la relazione, il manuale, il corso di aggiornamento o l'eserciziario d'inglese, controlla e correggi i fattori fisici e ambientali che possono condizionare il tuo rendimento: l'illuminazione, la postura, l'altezza della sedia, del tavolo e la distanza dal testo.

1. *L'illuminazione*: la luce solare è sicuramente la migliore per leggere, quindi cerca di posizionarti vicino a una finestra, in modo che la luce entri dal lato opposto alla mano con cui scrivi e a un'altezza superiore alla spalla, così da non avere riflessi o zone d'ombra. Se non è possibile, utilizza una lampada da let-

tura orientabile, con un'intensità compresa tra 600 e 800 lux. È importante che non ci sia tanta differenza di luce tra il testo illuminato dalla lampada e l'ambiente circostante.

2. *La postura*: appoggia i piedi al pavimento, mantenendo una posizione eretta, e cerca di rilassare tutti i muscoli. Tieni le cosce parallele al pavimento o leggermente sollevate, cosicché il peso sia distribuito in modo corretto.

3. *L'altezza della sedia*: per avere una corretta postura e leggere comodamente senza incorrere in contratture e irrigidimenti, la sedia non deve essere né troppo alta (altrimenti non potresti appoggiare i piedi), né troppo bassa (piegheresti le gambe in modo innaturale).

4. *Il tavolo*: dovrebbe essere alto circa venti centimetri più della sedia.

5. *La distanza dal testo*: ultimo elemento da considerare, ma non meno importante degli altri, è la distanza degli occhi dal testo, che deve essere di trenta-quaranta centimetri. Questa distanza è ottimale, poiché permette agli occhi di focalizzarsi con più facilità su gruppi di parole, diminuisce l'affaticamento e il rischio di mal di testa.

Un battesimo di fuoco

Le tecniche per rendere più veloce ed efficace la lettura sono state sviluppate all'inizio del Novecento. I primi studi hanno avuto un'origine alquanto sorprendente: l'aviazione inglese. Durante la prima guerra mondiale alcuni piloti non erano in grado di riconoscere gli aerei avvistati a distanza. Uno svantaggio non da poco, in particolare in una situazione di grande pericolo! I tattici britannici si misero all'opera per ideare una soluzione e crearono un'apparecchiatura chiamata «tachistoscopio», che era in grado di proiettare immagini su uno schermo a intervalli di tempo modificabili. Riducendo gradualmente la dimensione dell'immagine e il tempo di permanenza sullo schermo si educava l'occhio del pilota, che si abituava a riconoscere con maggiore facilità e soprattutto velocità gli aerei raffigurati. Si scoprì così che l'occhio umano è in grado di riconoscere figure estremamente piccole dopo averle viste per il tempo di *un cinquecentesimo di secondo*.

Una volta appurata questa capacità, si pensò di utilizzare la stessa strategia per migliorare la lettura. Sempre con il tachistoscopio, si proiettava sullo schermo una singola parola per un intervallo di tempo abbastanza lungo, poi si diminuiva costantemente la dimensione e la durata. Alla fine si arrivò a mostrare quattro parole contemporaneamente e a educare l'occhio a leggerle in un cinquecentesimo di secondo.

Per molti anni i corsi sulla lettura veloce si basarono quindi su questo esercizio, noto come «allenamento a schermo fisso» e condotto con flash-card o con un tachistoscopio, che permetteva ai corsisti di raddoppiare la velocità di lettura. In seguito però ci si rese conto che la maggioranza di loro perdeva la nuova capacità poco tempo dopo la fine del corso.

Negli anni Sessanta, alcuni ricercatori, tra cui l'americana Evelyn Wood, spinti anche dai grandi miglioramenti ottenuti nella lettura da personaggi noti, come il presidente degli Stati Uniti John F. Kennedy, iniziarono a comprendere meglio il funzionamento dell'occhio nella fase di lettura e di immagazzinamento dei dati, e abbinarono alla tecnica di allenamento a schermo fisso un'altra serie di esercizi che permise per la prima volta di abbattere la barriera delle 1.000 parole lette in un minuto. Su queste nuove basi fiorirono le scuole di lettura veloce o dinamica, che hanno ulteriormente sviluppato le capacità. Oggi il lettore più veloce del mondo, lo statunitense Sean Adams, ha raggiunto il livello di 3.850 parole lette in un minuto.

Perché leggere non è facile

A leggere si impara di solito a scuola, intorno ai sei-sette anni. Che nasca da qui l'errata assunzione che si tratti di un'attività banale? Forse tecnicamente, a livello base, lo è, ma via via che si complicano i contenuti, si allungano i testi e si accorciano i tempi, tutti noi dobbiamo arrenderci all'evidenza: leggere, capire e assorbire non è facile come sembra. E proprio il metodo didattico con cui ci è stato insegnato a leggere da bambini genera meccanismi automatici che, invece di sveltire e semplificare l'attività, la ostacolano e la rallentano. Quali sono gli errori ricorrenti?

1. *Subvocalizzazione*: significa che si tende a pronunciare nella mente ciò che si sta leggendo, proprio come se ci fosse una «vocina» in testa che sussurra le parole del testo. Molti esperti di lettura rapida sostengono che debba essere assolutamente eliminata, poiché rallenta l'attività e non aiuta la comprensione. In realtà non è del tutto vero: se si riesce a far passare la subvocalizzazione a un livello semi-inconscio, non distrae né rallenta. Talvolta il tentativo di eliminare totalmente il processo ormai automatico crea frustrazione e quindi calo di motivazione. Infatti, se dopo giorni e settimane di esercizi la vocina non si dissolve, siamo portati a colpevolizzarci per questo fallimento e ci sentiamo delusi.

   Riguardo invece alla rapidità di lettura, alcuni formatori sostengono che la subvocalizzazione la rallenti sensibilmente, poiché aspettiamo che la vocina abbia terminato di pronunciare ciò che abbiamo appena letto prima di proseguire. In realtà il cervello è in grado di vocalizzare fino a 2.000 parole al minuto (e alcune persone riescono addirittura a pronunciarne 1.000) e per raggiungere una velocità di lettura equivalente ci vorranno molto impegno ed esercizio.

2. *Indicare con il dito*: è la modalità di lettura dei bambini che accompagnano il susseguirsi delle parole con il dito, per paura di perdere il segno. In realtà, come risulta evidente nelle

prossime pagine, utilizzare un puntatore per leggere aiuta molto per mantenere alto il livello di concentrazione. L'unica controindicazione sta nella dimensione del dito, che copre le parole, pertanto è consigliabile usare un puntatore più sottile e meno ingombrante, come una matita o una penna.

3. *Regressione*: consiste nel rileggere parole, frasi o interi paragrafi che pensiamo di aver perso o di non aver compreso bene. Questa azione ovviamente rallenta la lettura ed è inutile. Numerosi test, condotti attraverso domande mirate, dimostrano infatti che quando un lettore rilegge ciò che pensava di non aver capito, migliora di poco o nulla il livello di comprensione.

Occorre quindi sforzarsi di non tornare indietro sul testo, perché in realtà non si recupera molto; aumenta invece gradualmente la velocità di lettura così il desiderio di voler rileggere diventerà molto più occasionale.

La testa sui libri

Molte persone dichiarano di avere difficoltà di concentrazione mentre leggono. A tanti capita, per esempio, di arrivare a fine pagina e di non ricordare quasi niente perché la mente si è distratta. Cerchiamo allora di capire quali sono i motivi per cui tendiamo a pensare ad altro e quali possono essere le soluzioni, oltre a quelle già esposte nel capitolo precedente.

Innanzitutto, serve una buona *organizzazione*, un concetto conosciuto, ma poco applicato alla lettura. Capita spesso che, appena cominciamo a leggere, ci fermiamo per prendere la matita, la gomma o un qualsiasi altro oggetto: in questi casi si interrompe il flusso delle informazioni spostando l'attenzione dal testo ad altre attività. Partiamo quindi con il piede giusto: prima di iniziare la lettura, pensiamo a cosa ci potrebbe servire (gomma, matita, temperino, righello, foglio per gli appunti eccetera), procuriamocelo e disponiamolo sul tavolo. Non solo saremo meno tentati di distrarci,

Il vocabolario dentro di te

La quantità di vocaboli che ognuno di noi conosce è indice della quantità di letture, informazioni e nozioni che abbiamo assimilato nel corso della vita.

Molte scuole, università e aziende italiane hanno inserito negli esami di idoneità o di ammissione il «test del vocabolario», proprio per verificare la preparazione del candidato e la sua capacità di apprendere ed elaborare dati. La proprietà di linguaggio è un bene prezioso sia per uno studente che sostiene interrogazioni ed esami, sia per un professionista che deve comprendere al meglio i propri interlocutori per condurre qualsiasi conversazione o trattativa nel modo migliore e senza sentirsi a disagio.

La maggior parte delle persone utilizza ogni giorno tre tipologie di vocabolari. Il primo contiene circa mille vocaboli e viene impiegato nelle conversazioni quotidiane. Il secondo è quello che viene utilizzato per la scrittura, generalmente più ampio e ricercato del precedente poiché il tempo che si dedica alla costruzione e all'analisi delle frasi è maggiore. La terza tipologia di vocabolario è definito di «riconoscimento» e contiene tutte le parole che si è in grado di comprendere ma che non si usano di solito né nel linguaggio parlato comunemente, né in quello scritto.

Una lettura più veloce ed efficace permette anche di incontrare e assorbire più parole, incrementando la varietà e la ricchezza dei nostri tre vocabolari. Non solo migliora la qualità della comunicazione e della comprensione, ma anche l'esposizione si fa maggiormente articolata e convincente, e ci permette di presentarci subito agli interlocutori con il nostro profilo migliore.

ma trovarci di fronte un piano di lavoro allestito e pronto facilita la focalizzazione sull'obiettivo e la concentrazione.

Nel nostro elenco di strumenti utili, abbiamo volutamente omesso il vocabolario, che va assolutamente utilizzato, ma con intelligenza. Tutti noi incontriamo *difficoltà di lessico*, ogniqualvolta il testo contenga parole o intere frasi che non conosciamo. Di solito, mentre l'occhio prosegue la lettura, la mente rimane indietro per cercare il possibile significato del punto oscuro.

La strategia migliore, invece, è di segnare sul testo i termini che non sono chiari e proseguire la lettura per non interrompere il flusso di informazioni. Solo alla fine si consulta il vocabolario per capire il reale significato della frase. In questo modo siamo certi di non tralasciare nulla del testo, e contemporaneamente non perdiamo tempo nel tentativo di cogliere il senso di ogni singolo termine.

A volte i problemi di comprensione derivano dalla *complessità dell'argomento o del materiale* che si sta analizzando. In questo caso un vocabolario non basta: la solüzione è semplicemente schematizzare e organizzare al meglio il testo (*vedi* Parte terza). In sintesi, tale strategia prevede una lettura multipla, con diversi approcci al testo; nel caso il numero di letture consigliate non sia sufficiente può essere utile incrementare il numero di letture globali (*vedi* Capitolo 6) così da raggiungere una migliore comprensione.

Qual è la tua velocità di lettura?

Come già accennato, le modalità di lettura sono oggetto di studio da anni ed esistono precisi criteri matematici per valutare le tue capacità di personali. Ecco di seguito i cosiddetti «parametri della lettura» che ti saranno molto utili per svolgere gli esercizi successivi.

VELOCITÀ = PAM (parole al minuto)

È la velocità di lettura. La media è normalmente fissata attorno alle 200 parole al minuto, ma non preoccuparti in caso risulti più basso. Non conta il punto di partenza ma il punto di arrivo.

CALCOLO: parole del testo moltiplicate per 60 e il tutto diviso per il tempo di lettura espresso in secondi.

(Parole del testo x 60)/Tempo di lettura in secondi

C = COMPRENSIONE

Indica quante informazioni del brano appena letto hai immagazzinato. Si calcola con una serie di domande di diversa difficoltà e punteggio. La media è 50 su 100. Se il tuo valore di partenza è inferiore a 65, lo vedrai aumentare notevolmente alla fine del percorso di esercizi.

R = RENDIMENTO

Questo è l'indicatore più importante. Non ha molto senso preso da solo, ma serve per misurare l'efficienza del lettore. Lo scopo della lettura rapida è di incrementare il rendimento, risultato che si raggiunge migliorando sia la velocità sia la comprensione. Il valore medio è 100.

Calcolo: PAM, cioè la velocità di lettura, moltiplicata per la comprensione, il tutto diviso per 100.

$$(PAM \times C)/100$$

Di seguito troverai un semplice test per verificare le tue attuali capacità di lettura. Cronometra il tempo che impieghi per leggerlo tutto: non devi accelerare, né soffermarti più del solito, altrimenti alteri la valutazione del livello di partenza. Alla fine rispondi alle domande sul testo, che servono a quantificare le informazioni immaginazzinate. Buona lettura! (Troverai molti altri testi sui quali esercitarti in fondo al volume.)

Test iniziale

Le fonti di stress

Leggendo il libro di Brian Tracy *Massimo rendimento* ho trovato molto interessante uno dei capitoli, dedicato alle fonti di stress che possono influire negativamente sulla nostra vita. Leggendo mi sono trovato a riflettere con molta attenzione sulle situazioni che mi arrecavano stress e già solo il fatto di rifletterci mi ha permesso di ridimensionarle e finalmente di affrontarle.

Le fonti di stress sono:

Preoccupazione

Le statistiche ci informano che la maggior parte della popolazione occidentale si preoccupa di molte cose: nel 40 per cento dei casi di ciò che poi non avviene; nel 30 per cento dei casi di avvenimenti legati al passato che non possono in alcun modo essere modificati; nel 12 per cento dei casi di questioni ipotetiche di malattia che poi si rivelano infondate; nel 10 per cento dei casi diventa ansiosa per questioni irrilevanti. Rimane solo un 8 per cento così suddiviso: il 4 per cento si preoccupa di situazioni che sono fuori dalla nostra sfera di influenza e l'ultimo 4 per cento invece di questioni che possiamo in qualche modo modificare.

Interessanti percentuali, eh?

Purtroppo però pre-occuparsi nella vita genera molto stress che può incidere sulla serenità e quindi sui rapporti che abbiamo con le persone che amiamo. Cosa possiamo fare allora? Un metodo suggerito nel libro è questo:

1. **Scrivere** la situazione che genera stress, perché scrivendola si definisce chiaramente.
2. **Stabilire la peggiore conseguenza** in assoluto che potrebbe verificarsi a causa di questa situazione. A me è addirittura capitato di fermarmi a questo punto perché mi sono reso conto che «la cosa peggiore che poteva capitare» sarebbe stata assolutamente affrontabile.
3. **Accettarla:** forse questo è il passaggio più complicato. Accettare significa semplicemente prendere coscienza di ciò che potrebbe accadere ed essere disposti ad affrontarlo. E magari rendersi conto che in ogni caso siamo in grado di risolvere la situazione a testa alta. Nel momento in cui «accetti» tutto quello che potrebbe succedere non hai più nulla di cui preoccuparti.
4. **Agire:** una volta definita la situazione, stabilisci quali sono le *azioni* concrete che puoi fare per risolverla e agisci. Agisci, agisci, agisci. Non penserai più al problema, ma ti concentrerai sulla sua soluzione.

Obiettivi e priorità

Molte persone si dichiarono insoddisfatte del proprio lavoro perché non sentono di avere uno «scopo» preciso e definito. Si considerano come barche in mezzo al mare che continuano a navigare senza avere una meta. Non hanno obiettivi su cui concentrare le proprie attenzioni. La conseguenza è lo stress, la negatività, una cattiva gestione del tempo. Anni fa, quando ho iniziato un nuovo lavoro, ho sperimentato in prima persona questa sensazione. Avevo tante cose da fare, non mi sentivo preparato al 100 per cento per farle, non riuscivo a vedere con chiarezza il «perché» le stessi facendo. Il risultato è stato che mi organizzavo male, non riuscivo a stabilire una scala di priorità tra i compiti da svolgere e, alla fine del mese, non riuscivo a rispettare tutte le scadenze perché avevo fatto poche cose.

La mia soluzione? Ho preso carta e penna, ho scritto su un foglio gli obiettivi del mese. Una volta stilati gli obiettivi ho scritto quello che dovevo fare per raggiungerli. Ho praticamente redatto un Progetto per realizzarli. E indovina? Magicamente la situazione è cambiata radicalmente. Avevo finalmente uno scopo, un motivo per svolgere i miei compiti. Se ti sembra soddisfacente, provaci!

Inconcludenza

Quando iniziamo qualcosa di importante per noi o per il nostro lavoro, se non lo portiamo a termine come ci sentiamo?

Sempre in quel periodo «buio», quando non avevo ancora capito come organizzarmi, mi capitava spesso di iniziare un nuovo progetto senza poi portarlo a termine a causa di altre incombenze che si accavallavano l'una sull'altra. Era una sensazione frustrante. Mi sentivo «schiacciare» dal peso di quell'azione incompiuta, di quel progetto lasciato a metà. La *procrastinazione* è una vera malattia. Ma c'è una buona notizia: si può curare!

Quando ho iniziato la mia «risalita» ho cominciato a lavorare molto sull'autodisciplina. Quando cominciavo qualcosa, mi imponevo di portarlo a termine. Non c'erano scuse, non c'era «poco tempo», niente di niente. Mi ripetevo: «Se hai voluto iniziarlo allora lo vorrai finire». Questo insegnamento mi è stato utile in tanti settori della mia vita. Essere in grado di rispettare gli obiettivi che ci si pone è una qualità indispensabile. Ho fatto tesoro di quello che ho imparato in quel momento della mia vita e cerco di trasmetterlo ogni giorno anche ai miei figli.

Paura del fallimento

Non ci riesco: chi non ha mai avuto questo pensiero? La paura di fallire è una reazione condizionata e si apprende fin da piccoli.

Se gestita in maniera produttiva ci permette di essere prudenti, di compiere scelte valutandone anche i rischi. Ma se ne siamo sopraffatti si trasforma in un grande ostacolo per la nostra realizzazione.

Come fare per superarla?

Innanzitutto prendendo coscienza del fatto che il fallimento non è mai definitivo. È un'opportunità per imparare le lezioni che ci servono ad avere successo.

Thomas Watson (fondatore dell'IBM) diceva: «Volete avere successo? Raddoppiate il vostro tasso di insuccessi! Il successo è speculare al fallimento».

Se impariamo una lezione dai risultati che non vogliamo allora il fallimento può trasformarsi in una chiave per il successo; il vero fallimento avviene nel momento in cui scegliamo di non imparare nulla.

Nella vita ho riscontrato che per me la paura di non riuscire è inversamente proporzionale alla voglia di ottenere quel determinato risultato.

Da quando ho capito questo, ogni volta che sento il pensiero *Non ci riesco* che riaffiora, mi concentro su ciò che voglio, sul perché lo voglio e visualizzo chiaramente nella mia mente me stesso mentre raggiungo quell'obiettivo. Cosa accadrà? Come mi sentirò? Chi sarà lì con me?

Ho utilizzato questa tecnica quando, circa tre anni fa, avevo in mente un progetto lavorativo molto redditizio, ma molto impegnativo e di complessa realizzazione. Ci credevo tantissimo. Sentivo che realizzare quell'obiettivo avrebbe migliorato vari settori della mia vita: il mio lavoro, le mie finanze, il mio benessere mentale...

Non è stata una passeggiata. Ho dovuto affrontare numerosi ostacoli e spesso, soprattutto all'inizio, pensavo di non farcela.

Ma la voglia di avere successo era molto più grande della paura di fallire e concentrandomi su questi pensieri positivi ho raggiunto il traguardo più velocemente del previsto. Tutto questo deriva dal potere del focus.

Il rifiuto

Avete mai conosciuto delle persone che cercano costantemente l'approvazione degli altri qualsiasi cosa facciano? E che sono letteralmente terrorizzate dal non riceverla?

Due cardiologi di San Francisco (Rosenman e Friedman) hanno definito questo comportamento come «comportamento di tipo A» (*Type A Behavior and Your Heart* è il nome della loro pubblicazione riconosciuta in ambito medico come fonte autorevole sulla correlazione tra malattie cardiache ed emozioni).

Esistono individui A di diversi livelli, dal più «lieve» al più «grave». Il livello più estremo statisticamente è più soggetto a contrarre malattie cardiache mortali e rischia di arrivare a soffrire di disturbi psichici.

Il tipo A si sente costantemente sotto pressione, sente di avere troppe cose da fare e poco tempo a disposizione. La sua vita lavorativa è sempre una corsa al successo, ma non in modo sano.

Per quanto in alto possa arrivare non si sente mai soddisfatto e appagato. Questi individui sono letteralmente ossessionati dal rendimento e non si prefiggono standard misurabili (perché vorrebbe dire che una volta raggiunto il risultato potrebbero rilassarsi).

I tipi A hanno molto a cuore le «cose» più che le persone. Lavorano costantemente accumulando più denaro, più premi, più successi, più pubblicazioni... Infatti tendono a misurare il proprio valore mediante ciò che possono letteralmente «contare».

Portano il lavoro a casa, sono ossessionati dall'opinione del «capo» e cercano sempre la sua approvazione. Generalmente sono aggressivi e ostili nei confronti dei loro colleghi con cui si sentono sempre in competizione per ricevere le lodi del «capoufficio». Sono spesso arrabbiati, irritabili e scontrosi. Alcune aziende assumono di proposito persone con queste caratteristiche perché consapevoli che la loro produttività e dedizione al lavoro è maggiore di quella di altri. Essi infatti producono moltissimo fino al momento in cui non sono «logorati» dallo stress accumulato e spesso si ammalano contraendo patologie cardiache.

Se ti riconoscerai in maniera più o meno precisa nella descrizione fermati un attimo a riflettere. Forse hai perso il controllo. Forse questo minuto passato a leggere potrebbe salvarti la vita.

L'unico modo che hai per combattere tale «sindrome» è *decidere* e *scegliere* di voler cambiare. Non hai altro modo. In caso contrario, puoi tranquillamente chiudere questa pagina e tornare al tuo lavoro massacrante, sapendo perfettamente che non sarai *mai* felice.

Alcuni studi evidenziano che tale comportamento può essere ricollegato a un rapporto conflittuale con il proprio padre.

La figura del padre viene identificata nel «capoufficio» che ne diventa una sorta di surrogato.

Ecco spiegata la continua ricerca di approvazione e di lodi.

Partendo dal presupposto che qualsiasi individuo, per stare bene, deve essere in «pace» con le proprie radici (i genitori) allora forse sarebbe il caso di riflettere riguardo al rapporto che abbiamo con loro.

Il comportamento di tipo A non va certo confuso con l'individuo definito «workaholic».

Essi hanno una differenza di fondo basilare:

L'individuo A non riesce ad avere del tempo da dedicare a se stesso senza pensare o parlare di lavoro. Si vanta addirittura di non andare in vacanza da molti anni; trascorre il tempo con la propria famiglia attaccato al telefono o al computer a lavorare; vive nell'incapacità di «staccare la spina».

L'individuo A ripete spesso la parola «devo, devo, devo». Ha quindi un focus controllo esterno. Non percepisce il controllo su ciò che fa, sul suo lavoro. Lo svolge perché altri si aspettano che lui lo faccia.

L'individuo workaholic, al contrario, lavora per obiettivi personali, traguardi e soddisfazioni ben determinati.

Svolge il proprio lavoro con piacere.

Lavora anche 10, 11, 12 ore al giorno per 7 giorni la settimana ma è in grado di staccarsi totalmente dal lavoro per un fine settimana o per una vacanza in famiglia.

Ha una personalità positiva e spesso coinvolgente.

Realizza le sue capacità e sviluppa il proprio talento facendo cose che per lui sono importanti.

Non prova sentimenti negativi quali rabbia, ostilità, risentimento.

La differenza sostanziale tra workaholic e tipo A è il piacere che il primo ricava dal proprio lavoro.

E tu? In quale dei due ti riconosci?

La tua salute potrebbe dipendere dall'accuratezza della risposta.

Tempo di lettura: _____   **Parole del testo: 1.721**

Domande

1. Chi è l'autore del libro *Massimo rendimento*?
   a) Brian Tracy
   b) Napoleon Hill
   c) Anthony Robbins

2. Cosa ha permesso all'autore del testo di ridimensionare subito lo stress?

   _____

   _____

   _____

   _____

   _____

3. I passi per vincere la preoccupazione sono quattro: prova a scriverli.

   _____

   _____

   _____

   _____

   _____

4. Cosa può accadere quando non si ha un «perché» in ciò che si fa e come si può migliorare questa situazione?

   _____

   _____

   _____

   _____

   _____

5. Qual è la terza fonte di stress descritta nel testo?

   _____

   _____

   _____

   _____

   _____

6. Quali sono i modi più produttivi per affrontare la paura del fallimento?

_____

_____

_____

_____

_____

7. Descrivi l'individuo di tipo A.

_____

_____

_____

_____

_____

8. L'individuo di tipo A estremo è più soggetto degli altri a cosa?
   a) Rottura delle relazioni fondamentali
   b) Malattie cardiache mortali e disturbi psichici
   c) Malattie autoimmuni

9. Descrivi l'individuo definito workaholic.

_____

_____

_____

_____

_____

10. Qual è la differenza sostanziale tra l'individuo workaholic e il tipo A?

_____

_____

_____

_____

_____

Risposte e punteggi

Somma i punti totalizzati per ottenere il tuo valore C (comprensione).

1. A. Brian Tracy. **(5 punti)**
2. Semplicemente rifletterci. **(5 punti)**
3. Per vincere la preoccupazione occorre:
   a) scrivere la situazione che genera stress, così da definirla chiaramente
   b) stabilire la peggiore conseguenza in assoluto che potrebbe accadere a causa di questa situazione
   c) accettarla: prendere coscienza di ciò che potrebbe accadere ed essere disposti ad accettarlo
   d) agire: una volta definita la situazione, stabilire quali sono le *azioni* concrete che possiamo fare per risolverla. **(5 punti per ogni passo)**
4. Molte persone si ritengono insoddisfatte perché non sentono di avere uno «scopo» preciso e definito. Non hanno obiettivi su cui concentrare le proprie attenzioni. La conseguenza è lo stress, la negatività, una cattiva gestione del tempo.
   La soluzione? Prendere carta e penna e scrivere gli obiettivi del mese. Una volta stilati scrivere quello che occorre fare per raggiungerli. **(15 punti)**
5. Inconcludenza. **(5 punti)**
6. Innanzitutto prendere coscienza del fatto che il fallimento non è mai definitivo. È un'opportunità per imparare le lezioni che ci servono ad avere successo. Il vero fallimento avviene nel momento in cui scegliamo di non imparare nulla.
   Ogni volta che sentiamo affiorare il pensiero *Non ce la faccio* meglio concentrarsi su ciò che vogliamo, sul perché lo vogliamo e visualizzare nella mente noi stessi mentre raggiungiamo quell'obiettivo. **(10 punti)**
7. Il tipo A si sente costantemente sotto pressione, sente di avere troppe cose da fare e poco tempo a disposizione. La sua vita lavorativa è sempre una corsa al successo, ma per quanto in alto possa arrivare non si sente mai soddisfatto e non si prefigge standard misurabili. I tipi A hanno molto a cuore le «cose» più che le persone. Lavorano costantemente e tendono a misurare il

proprio valore mediante ciò che possono letteralmente «contare». Generalmente sono aggressivi e ostili nei confronti dei loro colleghi con cui si sentono sempre in competizione. Sono spesso arrabbiati, irritabili e scontrosi. **(15 punti)**

8. B. Malattie cardiache mortali e disturbi psichici. **(5 punti)**

9. L'individuo workaholic lavora per obiettivi personali, traguardi e soddisfazioni ben determinati. Svolge il proprio lavoro con piacere. Lavora anche 10, 11, 12 ore al giorno per 7 giorni su 7 ma è in grado di staccare totalmente per un fine settimana o per una vacanza in famiglia. Ha una personalità positiva e spesso coinvolgente. Realizza le sue capacità e sviluppa il proprio talento facendo cose che per lui sono importanti. Non prova sentimenti negativi quali rabbia, ostilità, risentimento. **(15 punti)**

10. Il piacere che ricavano dal proprio lavoro. **(5 punti)**

C = _____

PAM = Parole del testo x 60 / Tempo di lettura in secondi = _____

R = PAM x C / 100 = _____

5

Fatti l'occhio

Leggere è un'attività fisica
Come migliorare le capacità degli occhi
Esercizi, stretching e rilassamento

Giochi di sguardi

La lettura dipende sia dal lavoro mentale sia dall'attività di tutti gli organi del corpo preposti a tale attività. I muscoli che comandano i movimenti oculari e quelli che controllano l'adattamento alla distanza lavorano in continuazione. Dopo cuore e respirazione, i muscoli che utilizziamo di più sono proprio quelli dell'occhio; se i primi infatti non conoscono sosta, gli occhi si aprono la mattina al risveglio e si chiudono solo quando si va a riposare la sera.

Una palestra per gli occhi

Molte persone credono che durante la lettura l'occhio scorra tra le righe muovendosi da sinistra verso destra in maniera lineare, per poi tornare subito all'estrema sinistra della riga successiva. È solo un'impressione. I movimenti oculari sono stati filmati e studiati per mezzo di speciali strumenti e grazie a queste osservazioni si è visto che la lettura «tradizionale» si riduce a tempi di fissità degli occhi. Ogni momento di fissità ci permette di leggere lettere e sillabe da sette a nove caratteri: questo spazio si chiama «campo di percezione».

Com'è fatto l'occhio

Per capire il funzionamento delle tecniche di lettura veloce è necessario comprendere la fisiologia dell'occhio e dei suoi componenti.

L'occhio innanzitutto si compone di *cornea*, *cristallino*, *umor acquoso* e *umor vitreo*, che raccolgono e indirizzano i raggi luminosi. La luce dall'esterno si rifrange e arriva alla *retina*, la parte dell'occhio che registra le immagini; queste vengono trasformate dai muscoli nervosi e condotte, attraverso il *nervo ottico*, al centro della vista nel cervello.

Anche l'*iride*, al centro della quale si trova la *pupilla*, è circondata da muscoli spessi. L'occhio è provvisto di muscoli attivi sia all'interno sia all'esterno che gli permettono di muoversi in tutte le direzioni e regolano «l'accomodamento», cioè la capacità di adattarsi alla visione di oggetti a diverse distanze. I *muscoli esterni*, retti e obliqui, trattengono il globo oculare nell'orbita ossea inserita in un tessuto connettivo; i quattro *muscoli retti* consentono all'occhio di muoversi in verticale e orizzontale mentre i due *muscoli obliqui* regolano un movimento leggermente deviato. Questi sei muscoli, oltre ad avere la funzione di trattenere l'occhio e di farlo roteare con le loro contrazioni, provocano anche una compressione del globo oculare che avvicina la *retina* al *cristallino*.

Le varie parti della *retina* hanno sensibilità diverse: alcune sono sensibili alla luce rossa e verde e altre ai raggi blu e gialli. I raggi luminosi neri e bianchi e grigio chiari vengono percepiti da tutta la superficie. Quindi la lettura, che è quasi sempre testo nero su fondo bianco, investe l'intera superficie della retina.

Dato questo presupposto, il primo passo per avvicinarti alle nuove tecniche di lettura è migliorare la capacità fisica dell'occhio, con un vero e proprio allenamento. Di seguito troverai una serie di esercizi mirati che agiscono su tre aree percettive ben definite:

l primo esercizio serve a velocizzare la rapidità del movimento oculare.

2. Il secondo amplia il campo di percezione.
3. Il terzo diminuisce il tempo necessario per percepire le informazioni.

Ripeti gli esercizi con costanza, secondo i tempi e le modalità indicati. Solo con la costanza potrai infatti condizionare l'occhio e abituarlo a comportarsi in modo diverso da ciò che ha fatto finora.

Esercizio 1. I puntini

Il primo esercizio ha come obiettivo quello di velocizzare la rapidità del movimento oculare. Devi far rimbalzare lo sguardo in orizzontale con movimento ritmico e costante da un puntino all'altro. Esegui l'esercizio sia dall'alto verso il basso sia dal basso verso l'alto, accelerando pian piano. Tieni la testa ferma: a muoversi deve essere solo l'occhio. Per abitudine, infatti, soprattutto all'inizio, la testa tende a seguire i movimenti degli occhi. Se ti può essere di aiuto, accompagna l'esercizio con un metronomo che scandisce il tempo dei movimenti.

Dedica dieci minuti al giorno all'esercizio; in circa dieci giorni sarai pronto per proseguire il lavoro sulla lettura efficace.

Ripeti lo stesso esercizio su questo disegno.

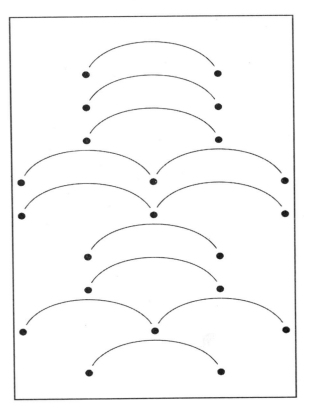

Esercizio 2. Il rombo e il triangolo

Nelle due figure successive troverai due testi, senza alcuna continuità logica tra una riga e l'altra, distribuiti nella pagina con la forma di un rombo e di un triangolo. L'intersezione tra la linea verticale e le righe scritte in orizzontale creerà l'unico punto di fissità sul quale devi dirigere lo sguardo.

L'esercizio consiste nel guardare esattamente quel punto, senza spostare lo sguardo: metti a fuoco ogni lettera presente nella riga, dopodiché scendi a quella successiva.

Sulle prime righe (le più corte) il lavoro è estremamente semplice e diventa sempre più complesso scendendo sul rombo o sul triangolo. Via via che le righe si allungano aumenta la difficoltà e inizia il vero e proprio esercizio.

Quando arrivi al limite delle tue capacità, comincia l'attività più complessa, cioè mantenere fermo l'occhio sulla riga. Infatti, per una questione di abitudine, l'occhio cercherà di muoversi per leggere e percepire con maggiore facilità.

Considera l'esercizio come il classico stretching che si svolge in palestra per aumentare l'allungamento muscolare. Grazie a questa attività, il campo di percezione si allarga giorno per giorno, permettendo di applicare con più facilità le tecniche di lettura efficace descritte nei capitoli successivi.

Ripeti l'esercizio per almeno dieci minuti al giorno: in una decina di giorni potrai iniziare il lavoro sulla lettura efficace.

si
casa
camera
caro miei
il ghepardo
la stilografica
viva la mamma!
credo che si possa
your trainers group
è la lampada da tavolo
quadernone è rosso e blu
dai amore incondizionato e
il fiore è fresco e profumato
George Clooney è un bel tipo!
muovi il tuo corpo e crea l'energia
le cose basta volerle e le otterrai, sai
supera i tuoi limiti mentali per avere ciò
comportati come un bambino che gioca e
devi essere creativo e abituati a non abituarti
i collaboratori sono persone fuori dal comune
determinazione è la base del tuo successo
devi dire "precipitevolissimevolmente"
le Pantere nere è un club per donne!
troppo belli One, Change e Target
il nuoto è lo sport più completo
divertiti nel processo e sorridi
il mio cane si chiamava Blue
le candele fanno atmosfera
matita, penna, calamaio
Pippo, Pluto, Paperino
metti il cravattino!
le rose sono rosse
la lavastoviglie
gioca e impara
pinco pallino
telefonino
elefante
modena
papà
ok

su
luce
scotch
positivo
equilibrio
il detersivo
vai alla grande
i fior sono gialli
c'è Batman e Robin
macchina fotografica
la guarigione e il Reiki
tu sai che ore sono o no?
pillola rossa o pillola blu?
manda abbracci e bacia tutti
acqua, terra, fuoco, vento, aria
internet e computer diventeranno
amicizia è un valore fondamentale
andare in palestra fa bene alla salute
se ti impegni fino in fondo e dai tutto
le vacanze sono sacre, e non si toccano
la ripetizione è la madre di tutte le abilità
ne "Il Gladiatore" il motto è "Forza e Onore"
M. Jordan è considerato l'atleta per eccellenza
la medicina cinese sembra essere la più completa

Esercizio 3. Copri e scopri

Procurati un foglio o un cartoncino per coprire i numeri e le lettere scritte nella tabella seguente. Andando in ordine, partendo dalla prima colonna a sinistra, usa il foglio per coprire e scoprire i dati di ogni singola riga con un rapido movimento della mano. Concediti non più di una frazione di secondo per leggere.

Appena hai ricoperto il dato scritto, ripetilo ad alta voce e verifica se hai memorizzato bene. Il tuo occhio deve funzionare come una macchina fotografica che cattura un'istantanea, quindi alla copertura dei numeri o delle lettere è importante visualizzare l'immagine del dato. L'esercizio consiste nel «fotografare» tutte le informazioni presenti nelle colonne. Nel momento in cui arriverai, con un po' di tempo, pazienza ed esercizio, a vedere e ricordare le varie informazioni con pochi errori, sarai certo di aver migliorato sensibilmente la tua capacità percettiva in fase di lettura. A questo punto sei pronto per iniziare con le tecniche di lettura vere e proprie.

647836	365443	UDEK	dvfbjfk	Bh56V	EUsrd
589352	312143	EPFK	jbjbgfrt	Gg6R7	d5Tfy7
478569	564546	HEW	dghchg	6Qurok	Tdf6Y
284092	576879	KHFK	bczrdjh	jBJyTU	UFOD
744957	076553	WEHF	hzxcbn	R5476	76rfo7
903281	423254	JKBFJ	msdfhj	T665C	TD6Rt
581975	577975	FHJW	krtkbnj	RV67V	dt5f5dt
784625	545332	EGFJE	hfvjhfg	567T78	SW54s
394757	545678	WGFK	vgdtrfg	TR76R	e3FTY
494967	998765	JEHF	cghcvjg	V7tv67	ufTYFs
453423	645646	KELG	yfytghg	VRt7V	xerFT
466870	867867	FHAS	jhgvvkl	v67v96	UcdtS
907896	565668	GFHJS	jàjôfhdt	r7RV5	Xetrfty
756534	786567	AGFK	rsdfjhh	R67TV	FtseTF
536897	852634	AHFU	kfrxdze	76IV6	UYdrC
099766	234565	AoHF	rgfhjgjk	V67VV	RDg7E
745357	786789	AKGF	fcgdjhv	v6iniyu	5Dft6e
678980	765655	UAKF	fjhcvhj	giu87I	5drSR4
145678	234524	IOWE	vgfxfgh	GIUg6	ddr56T
986567	565678	FJWA	kvgfjxg	G7iu87	fl6YIF
835624	679130	KHGF	cjgcfgjv	87Yf68	Tcsr6F
345435	847581	JJHFA	kyrwegi	fgyF69i	T5f8r6
278129	897490	GYUE	ugfiqfg	joGUd	TR4Df
787564	736567	SFGY	ubfhub	A45Srf	r67YF
232545	884877	EAGF	cyfolqt	7RXYf	TDaw
768979	665465	RUIE	ynsrywt	t6uvoh	ERDE
076375	694764	GAEG	bnoxjo	CTDfy	SXDdr
676295	572929	IRAE	qondne	GOUr	stCGL
897268	387468	UHDR	gdegtw	xydl7dt	YGUB
256415	390283	WYQT	uwhbsk	5F7865	ku7GI
343189	563884	RHFF	sjajalhs	FuvfdF	YDR6c
804785	732892	GHJC	gajwhd	6f545S	fseTRF
785789	836354	HJOE	sgjajahi	4Rdf7R	TFgyF
427589	728267	HFQU	uaufvu	sdufy7I	VSEtrx
284206	399273	FQIU	bvbjew	S56t78	lgiYRK
839029	729846	QGFL	vfkqfvy	gS5dt7	SDcggi
937845	363824	GFHN	ufgiulhl	FT6rd6	uZHSR
764647	637884	CJGFE	gugkjlp	f7fd5T	DKSbg

Prima e dopo la palestra

Come in ogni seduta di ginnastica che si rispetti, gli esercizi devono essere preceduti da un opportuno riscaldamento e seguiti dallo stretching e dal rilassamento. In particolare per i muscoli extraoculari, che sono i meno utilizzati del corpo umano. Siamo abituati a spostare la testa e poche volte spostiamo solo l'occhio.

Ripeti gli esercizi riportati qui sotto prima e dopo il tuo allenamento. Per poter sfruttare al massimo le tue capacità, devi innanzitutto rispolverare lo strumento cardine per la lettura: gli occhi.

Stretching

Esegui tutti gli esercizi dell'elenco con lentezza: prendi coscienza del movimento e sforzati di portarlo fino al limite, in modo da stirare il muscolo, proprio come si fa con le gambe prima e dopo una corsa.

1. Sbadiglia guardando verso l'alto.
2. Effettua 20 movimenti orizzontali.
3. Effettua 20 movimenti verticali.
4. Effettua 20 movimenti per ciascuna diagonale.
5. Compi 10 movimenti a mezzaluna verso l'alto.
6. Compi 10 movimenti a mezzaluna verso il basso.
7. Effettua 10 movimenti circolari completi e alternati (prima un giro in un senso e poi uno nell'altro).

Rilassamento oculare

E dopo l'attività, un attimo di relax per recuperare.

1. Sbadiglia guardando verso l'alto in modo da distendere i muscoli.
2. Sfrega le mani con forza così da riscaldarne i palmi.
3. Palming: avvicina i palmi fino a sfiorare l'occhio (chiuso) in modo da riscaldarlo (non ci deve essere alcuna pressione).
4. Batti ripetutamente le palpebre. Devi iniziare con dei colpetti

decisi, diventando sempre più delicato e veloce. Questo faciliterà la lubrificazione dell'occhio e lo pulirà dai corpuscoli.

Adesso hai un occhio scattante, lubrificato e pronto all'uso! Prova a rifare l'esercizio dei punti di fissità e ti accorgerai subito della differenza.

6

Le tecniche
di lettura veloce

Cosa influenza le modalità di lettura?
Tecniche e consigli per trovare la strategia migliore

Struttura diversa, lettura diversa

Usare un'unica tecnica per ogni genere di testo e indipendentemente dall'obiettivo è uno degli errori più comuni e rende la lettura faticosa. Ritmi lenti portano spesso a una perdita di concentrazione che si traduce in una comprensione parziale e insufficiente.

Cominciamo con una premessa: i lettori efficaci affrontano in modo attivo tutti i tipi di testo, anche quelli che non presentano un particolare interesse per loro. Prima di cominciare, hanno già uno scopo ben determinato: riflettere sulle nozioni importanti e su cosa possono imparare dalla lettura in oggetto. L'approccio del lettore attivo consiste quindi nel porsi una serie di domande mirate e trovare rapidamente nel testo le risposte, che associa alle conoscenze pregresse. Se l'autore non offre alcuna risposta o se essa è poco soddisfacente, il lettore attivo sa che deve cercare altrove.

Affrontare la lettura in maniera passiva, al contrario, porta via tempo, energia e concentrazione; l'attività stessa diventa noiosa e le (poche) informazioni raccolte vengono difficilmente memorizzate.

Come diventare allora lettori esperti ed efficaci? Per prima cosa è necessario imparare a capire da subito la struttura del testo per decidere quali tecniche di lettura applicare. Adottare diverse strategie per ogni tipo di testo è indubbiamente una delle chiavi che liberano il nostro potenziale di apprendimento. È infatti abbastanza ovvio che non si possa paragonare il manuale di istruzioni di un elettrodomestico ai canti della *Divina commedia*.

Lo scopo finale è comunque sempre quello di cogliere i contenuti che interessano in mezzo a molte altre informazioni meno importanti (per esempio, descrizioni, pleonasmi, ripetizioni, spiegazioni e commenti). Un'occhiata alla struttura del testo serve per individuare i diversi tipi di paragrafo e capire subito quali sono i principali:

- *paragrafi esplicativi*: sono i paragrafi in cui l'autore enuncia i concetti o il proprio punto di vista. Le prime due o tre frasi esprimono l'idea generale di ciò che viene spiegato in seguito e le ultime due o tre frasi contengono il risultato, le considerazioni o la conclusione, mentre nel centro trovano spazio i dettagli.
- *paragrafi descrittivi*: in generale contengono l'approfondimento delle idee precedentemente enunciate. A meno che la descrizione non sia di grande importanza, servono soprattutto ad arricchire il testo.
- *paragrafi di collegamento*: sono quelli che contengono informazioni chiave per riassumere ciò che è stato detto prima e anticipano ciò che segue, sottolineando il legame tra i due argomenti. Sono perciò molto utili per strutturare l'anteprima del testo e creare una mappa mentale efficace (*vedi* Parte terza).

È altrettanto importante acquisire la capacità di cogliere i nessi fra argomenti non direttamente collegati. La comprensione e la rielaborazione del testo sono le fasi essenziali dell'apprendimento, quelle a cui va dedicata più energia. Ciò che rende diversa una preparazione passiva e pedissequa da quella di uno studioso esperto è *saper interpretare i contenuti arricchendoli con i propri spunti personali*.

Obiettivo diverso, tecnica diversa

Com'è ovvio ogni testo richiede, a seconda della complessità, una diversa velocità di lettura. Ma il ritmo varia anche in base agli scopi che ci prefiggiamo: dobbiamo memorizzare tutto prima di una trattativa fondamentale o semplicemente scandagliare il testo per capire se contiene informazioni utili? Dobbiamo estrapolare i punti critici o essere in grado di fare una relazione sommaria? Chieditelo prima di iniziare la lettura e decidi qual è la strategia più adatta alle tue esigenze.

Di seguito troverai le principali tecniche di lettura suddivise, appunto, in base agli obiettivi.

Lettura esplorativa (scanning)

La lettura esplorativa avviene quando gli occhi danno uno sguardo veloce al testo per trovare l'informazione che il cervello sta cercando. Si tratta di un'abilità innata, che tutti sappiamo sfruttare. Quante volte ti è capitato di cercare un cognome sulla pulsantiera di un citofono? Ovviamente la pratica migliora notevolmente la rapidità e l'efficacia dello «scanning»; inoltre applicare questa tecnica è più semplice se si conosce la struttura del testo e si sa dove cercare le informazioni.

Lettura orientativa, globale o sommaria (skimming)

La lettura orientativa serve per creare un'anteprima del testo che si vuole leggere. L'occhio scorre su determinate sezioni del testo per averne una panoramica generale, una sorta di trailer velocissimo da cui si ricavano le informazioni sull'architettura complessiva. In una fase successiva si ricostruisce intorno a essa la struttura del testo e si procede eventualmente a una lettura più approfondita e mirata.

L'occhio deve spostarsi sul foglio come si muoverebbe su un'immagine o seguendo uno schema fisso, come rappresentato nei blocchi seguenti. Questo tipo di lettura può anche essere effettuato riga per riga ad altissima velocità (si superano le 2.000 PAM) e richiede un campo visivo molto sviluppato.

Esempi di lettura orientativa:

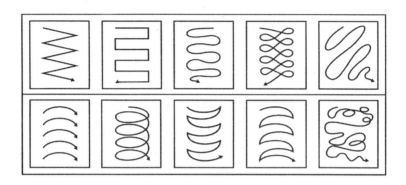

Lettura critica o approfondita

Questa tecnica è destinata allo studio e all'analisi critica del testo, quindi è indicata quando vuoi studiare una materia a fondo o impadronirti di un testo nei dettagli (per esempio, la relazione che ti illustra l'attività di un cliente importante). La velocità di lettura è inferiore rispetto alla lettura orientativa ma resta comunque molto più alta di quella tradizionale e dipende dalla difficoltà dei passi e dal tuo obiettivo.

È basilare avere un alto livello di concentrazione perché lo scopo è di non tralasciare nulla. Infatti questa lettura è utile per individuare i concetti e le loro relazioni, mettere in evidenza i collegamenti, estrapolare le parole chiave e i dettagli per creare la mappa mentale.

A seconda dell'ampiezza del tuo campo di percezione e della larghezza delle colonne di testo, scegli due o tre punti di fissità: l'occhio si sposta ritmicamente e ad alta velocità da sinistra verso destra e dall'alto verso il basso, riga per riga.

Ricorda che l'occhio è programmato per seguire una guida. Ne è prova il fatto che tutti i bambini quando imparano a leggere usano il dito per focalizzare meglio l'attenzione e non perdere il filo, e che utilizziamo il dito anche quando cerchiamo una parola in un dizionario. Può quindi esserti molto utile usare un indicatore sul testo e re-imparare quest'abilità. Posiziona la guida al di sotto della riga che stai leggendo e falla scorrere in modo fluido e veloce da sinistra verso destra. L'occhio è puntato sulle parole ma segue l'indicatore evitando di fare balzi sulla riga. Questa tecnica di lettura critica, detta «della lepre», serve anche ad addestrare l'occhio e il cervello (soprattutto quando ancora non si è lettori esperti) a non soffermarsi sulle singole parole. Il ritmo si mantiene veloce senza pregiudicare la concentrazione e la comprensione, entrambe ad altissimi livelli.

Esempi di lettura approfondita o critica:

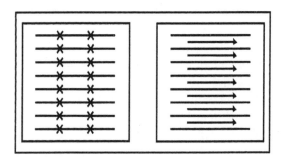

Lettura controllata

Questo tipo di lettura si colloca tra la lettura orientativa e quella approfondita e ha lo scopo di riprendere dimestichezza con concetti già noti, magari non più freschi nella memoria. La velocità varia con frequenza: rapidissima dove non ci sono concetti importanti, oppure sulle descrizioni o sulle spiegazioni di cose che si danno per scontate, più riflessiva quando si capta la presenza di informazioni utili o meno chiare.

Lettura verticale

Dopo aver svolto gli esercizi per ampliare il campo di percezione, dovresti essere in grado di cogliere con un unico colpo d'occhio la colonna di un articolo di giornale. Questa tecnica di lettura integra la visione orizzontale con il movimento in verticale dell'occhio, che scorre dall'alto verso il basso, eventualmente ondeggiando da sinistra a destra, con o senza l'aiuto di un indicatore.

La tecnica può essere perfezionata se ti eserciti ad allargare il campo di percezione anche in verticale. Potrai così imparare a leggere a scatti, un metodo particolarmente vantaggioso per affrontare giornali, periodici e testi composti da colonne strette.

Esempi di lettura verticale:

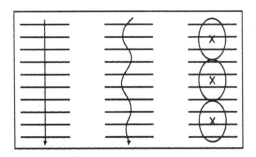

Testo diverso, tecnica diversa

E infine il vero protagonista della lettura: il testo. Al di là degli obiettivi specifici che ci poniamo, ogni tipologia di testo ha caratteristiche strutturali proprie (per esempio, i quotidiani sono impaginati su colonne, i manuali di lingua sono sempre accompagnati da eserciziari) che condizionano e talvolta impongono la scelta della tecnica di lettura più adeguata. Di seguito vediamo quali sono le tipologie più diffuse e quale approccio conviene adottare per una lettura mirata e veloce.

Testi di studio

Di fronte a un testo di studio – spesso denso, corposo, scritto fitto fitto – dobbiamo porci come un esploratore in ricognizione per determinare forma e caratteristiche del territorio. È buona norma procedere a un'attenta supervisione del testo per ottimizzare tempi e qualità dello studio e cogliere da subito una serie di informazioni fondamentali:

- *Il titolo*: indica immediatamente l'argomento e il genere.
- *L'autore*: è opportuno cercare e leggere almeno una breve biografia e bibliografia dell'autore (per esempio, quelle sulla copertina). Conoscere infatti l'orientamento ideologico, l'attività, la formazione di chi scrive permette di inquadrare meglio l'intera opera, collocarla nel suo contesto e decidere su quali parti soffermarsi perché più approfondite e originali.
- *La prefazione, l'introduzione e la presentazione*: introducono il lettore nel campo specifico dell'opera o gli permettono di conoscere, ricordare o ripassare gli studi che l'hanno preceduta.
- *L'indice*: riproduce la suddivisione del testo e rappresenta schematicamente che cosa viene trattato, in che ordine, quali argomenti trovano spazio e dove; è utile sia per orientarsi nel testo sia per capire quali temi sono stati esclusi (e non vale quindi la pena cercare nel testo).
- *I riassunti*: riproducono in sintesi il contenuto del libro e sono un ottimo strumento sia per un ripasso sia per farsi un'idea dei temi che verranno approfonditi con la lettura.
- *Le domande e gli esercizi*: indicano immediatamente quali sono gli argomenti più importanti, ai quali dedicare la massima attenzione durante la lettura.
- *I glossari*: sono di grande aiuto per allievi e principianti che devono acquisire un vocabolario tecnico e specifico.
- *I riferimenti bibliografici*: informano il lettore sui modelli e i documenti utilizzati dall'autore per ulteriori ricerche o approfondimenti.

Come va affrontato un testo di studio? Una volta selezionati gli argomenti di nostro interesse attraverso l'indice (l'intero libro o solo alcune parti di esso), l'approccio migliore è procedere a una *lettura globale*. Sottolineare in questa fase è poco produttivo per motivi abbastanza ovvi: ancora non abbiamo un'idea precisa di ciò che è realmente importante, e la lettura globale ha proprio l'obiettivo di offrire una visione d'insieme.

Ora puoi mettere a frutto la massima velocità di lettura che hai acquisito: infatti, non è necessario capire il significato di tutto ciò che stai leggendo, ti basta prepararti lo scheletro della mappa mentale. Avrai modo di approfondire durante la *lettura critica*. Ti consigliamo di leggere il testo una seconda volta: potrai così memorizzare i dettagli utili, sottolineare e stilare la mappa da memorizzare.

Quotidiani

Generalmente le informazioni principali si trovano già nel titolo e nelle prime due o tre frasi dell'articolo; il resto del testo racconta la notizia in modo particolareggiato e contiene eventuali commenti del giornalista o di altri opinionisti.

Se il titolo ha suscitato il tuo interesse, ti conviene procedere con la lettura attiva. Chiediti per prima cosa quale sia il punto di vista dell'autore e che cosa ti puoi aspettare dall'articolo. Ricordati che il giornalista di solito lo redige seguendo il metodo delle classiche domande; orienta quindi la tua lettura ponendotele tu stesso: Di chi si parla? Chi è il protagonista di questa vicenda? O cosa c'è di interessante per me in questo articolo? Dove si svolge l'azione? Quando è successo, in quale momento? Perché è stato scritto un resoconto di questa vicenda? Quale vantaggio posso ricavare dal conoscere questa storia? In che contesto potrebbe essermi utile? Questo genere di domande attiva il focus e ti aiuta a cogliere più efficacemente tutti gli elementi utili del testo.

Applicando la *lettura controllata* si scoprono rapidamente e con sicurezza i concetti principali ed è possibile ritrovare e classificare anche i dettagli. La larghezza delle colonne determina la scelta del punto di fissità unico o doppio in relazione alle dimensioni del campo di percezione. Proprio per questo la lettura del giornale è un ottimo esercizio per ampliare il proprio campo sia in orizzontale sia in verticale. Per ottenere questo risultato bisogna arrivare a cogliere con un unico punto di fissità l'intera riga e scorrere con l'occhio verso il basso in verticale.

Riviste di aggiornamento

La tecnica di lettura di cui abbiamo parlato per i quotidiani vale anche per i periodici. Nel caso di riviste di aggiornamento di tipo scientifico, il lavoro è spesso facilitato dalla presenza di un *abstract* all'inizio e da una serie di *keywords* (parole chiave) che aiutano a capire di quale argomento si tratta e quali aspetti vengono discussi.

Le domande più utili in questo contesto sono: Cosa so già di questo argomento? Che relazione può esserci tra x e y? In quale situazione mi sarebbe stato utile conoscere già l'argomento trattato in questo articolo? Successivamente puoi effettuare una *lettura globale* per individuare i contenuti di maggiore rilievo da approfondire poi con la *lettura critica*.

Alla fine, se ritieni che l'argomento e le informazioni siano di una certa importanza, ti consigliamo di creare una mappa mentale o integrare una già esistente con le nuove conoscenze. Potrai così attingere facilmente alle informazioni in un secondo momento.

Corrispondenza

Di solito il destinatario conosce il mittente e il motivo della corrispondenza: sarà quindi sufficiente scorrere la sezione centrale del testo con una tecnica di *lettura orientativa* per cogliere le informazioni più importanti, visto che generalmente la prima e l'ultima frase sono formule di cortesia prive di un contenuto vero e proprio. Se lo ritieni necessario passa poi ad analizzare meglio i punti salienti.

Testi elettronici

Leggere sullo schermo di un computer può risultare piuttosto stancante e disagevole, ma presenta anche vantaggi tecnici che ti permettono di ovviare o ridurre queste difficoltà. Prima ancora di decidere la tecnica di lettura più corretta, assicurati che l'impostazione dei colori, del contrasto, della luminosità e l'illuminazione dell'ambiente siano i più adatti per i tuoi occhi. Eventualmente puoi anche modificare il tipo di carattere e l'interlinea del testo, scegliendo la combinazione che viene percepita meglio dal tuo sistema visivo/cerebrale, e adattare l'interlinea che offre la miglior visione periferica. Questo accorgimento è utile per assorbire il maggior numero di dati a ogni fissazione.

Puoi utilizzare il puntatore del mouse per rendere la lettura più fluida e aumentare la distanza dallo schermo, e la barra di scorrimento per far scendere ritmicamente il testo riga per riga.

Ogni quindici minuti circa ti consigliamo di fare una pausa per riposare la vista: lascia vagare gli occhi fuori dalla finestra su oggetti più lontani o, se non hai la finestra, in giro per la stanza, a media e lunga distanza. In questo modo si affaticheranno meno.

Esercita il tuo occhio alla lettura

In Appendice ti proponiamo alcuni testi su cui fare pratica.

PARTE TERZA

Le mappe mentali

*Chi possiede il dono della creatività, possiede qualcosa
di cui non sempre è il padrone, qualcosa che qualche volta,
stranamente, decide e lavora per se stesso.*

CHARLOTTE BRONTË

7

Come creare
una mappa mentale

Che cos'è e a che cosa serve
Struttura e caratteristiche
Idee e suggerimenti per realizzarla

Dal segno al disegno

La prima linea tracciata da un uomo su una roccia ha rappresentato un solco indelebile nello sviluppo della consapevolezza della nostra specie. I primi segni si sono evoluti in disegni, a iniziare dai dipinti rupestri degli uomini preistorici per tramutarsi poi, con il fiorire delle civiltà, nei geroglifici egiziani e nei primi alfabeti (sumero, greco, romano, arabo eccetera).

La lettera, quindi, per ben duemila anni ha messo in secondo piano l'immagine. L'esplosione di informazioni che caratterizza i nostri tempi ha dimostrato, però, che la scrittura tradizionale non è il modo migliore e soprattutto non è l'unico, per assorbire, analizzare e comunicare. La nostra mente tende infatti ad associare immagini e pensieri in modo spontaneo e naturale. Le mappe mentali sfruttano questa funzione per trasmettere e imprimere informazioni con estrema efficacia, perché si basano su una potente tecnica grafica che fornisce una chiave universale per sbloccare il potenziale del cervello umano.

Anche i grandi «geni», come Leonardo, Mozart, Einstein, Picasso, non si limitavano a usare parole: riempivano i loro appunti, bozzetti e schizzi di simboli, sequenze, liste, associazioni, immagini, numeri, figure e forme, grazie ai quali focalizzavano

Breve storia delle mappe mentali

Lo psicologo americano David Ausubel alla fine degli anni Cinquanta propose la nozione di *apprendimento significativo*, contrapposta a quella di *apprendimento meccanico*. Secondo questa teoria, per apprendere in modo significativo gli individui devono poter collegare una nuova informazione a concetti che già possiedono. La conoscenza avviene mediante l'elaborazione del significato: l'allievo attribuisce al materiale di apprendimento un significato psicologico, cioè personale. Nell'apprendimento meccanico, invece, il contenuto è già definito nel suo significato e l'allievo deve solamente imprimerselo nella mente. Sempre Ausubel distingueva tra l'apprendimento per ricezione, più passivo e impersonale, e l'apprendimento per scoperta, partecipato e attivo.

Negli anni Sessanta Joseph D. Novak della Cornell University, rielaborò le teorie di Ausubel e creò le mappe concettuali, una strategia per schematizzare e integrare nuove idee e informazioni dentro strutture cognitive preesistenti, basandosi sulle proprietà associative del pensiero, le stesse che ispirano la struttura ipertestuale.

Nei primi anni Settanta Tony Buzan, tuttora consulente leader nel mondo per quanto riguarda gli studi sulla mente e sulle capacità di apprendimento e di pensiero, ha elaborato e divulgato le idee di Novak dando origine alle mappe mentali. Tra i suoi numerosi libri (*vedi* Bibliografia), pubblicati in oltre centocinquanta Paesi nel mondo e tradotti in trentacinque lingue, *Usiamo la testa* è uno dei primi in cui si parla di mappe mentali ed è considerato uno dei mille migliori libri del millennio.

con estrema sintesi visiva un'idea, un'intuizione, un presentimento che in seguito sviluppavano ed elaboravano. Forse la loro genialità risiedeva in parte nella capacità di utilizzare al meglio le doti naturali del cervello. Come fanno, appunto, le mappe mentali, che proprio per questo sono uno degli strumenti più efficaci per scrivere appunti, sintetizzare, schematizzare, memorizzare, presentare progetti, sviluppare il potenziale creativo e persino prendere decisioni.

Dalla mappa geografica alla mappa mentale

Generalmente una mappa rappresenta un territorio (per esempio, una città, una montagna, un'isola) che può essere intero (la carta geografica d'Italia) o ripreso solo in parte (una regione o le pagine di un atlante stradale). La mappa ne è la rappresentazione su un piano, in scala diversa, con un sistema di simboli grafici, indicazioni toponomastiche, altimetriche eccetera.

In che modo la mappa si collega all'apprendimento? La mappa è la rappresentazione grafica del territorio, una concettualizzazione di ciò che vediamo trasposta così da fornire una visione d'insieme. Il pensiero può essere osservato nel suo complesso, oppure si può scendere nel dettaglio per analizzare l'intera struttura in maniera particolareggiata (i rami, le derivazioni, le relazioni). Inoltre le strutture del pensiero sono gerarchiche, come un albero che parte dal tronco e si suddivide in rami e fronde fino alle venature delle foglie. Le mappe riproducono in modo perfetto anche queste strutture. Le semplificano nelle due dimensioni di un foglio di carta o dello schermo del computer, ma rendono possibili complessità tridimensionali con collegamenti ad altre mappe.

Com'è fatta una mappa

Uno dei grandi vantaggi delle mappe mentali è la struttura: molto semplice da realizzare e da leggere, è anche talmente duttile da rappresentare qualunque tipo di pensiero. Si compone così:

1. Al centro si trova il focus, il soggetto fondamentale su cui concentrare l'attenzione.

2. I temi principali si irradiano dall'immagine centrale come rami.
3. A ogni ramo è associata un'immagine, un dettaglio tecnico o una parola chiave.
4. Gli argomenti di minore importanza sono anch'essi rappresentati da ramificazioni che partono dai rami di livello più alto.
5. I rami formano una struttura nodale connessa.

All'interno di una mappa mentale si trovano quindi immagini, rami, e soprattutto parole chiave e dettagli tecnici. Cosa si intende per parola chiave e dettaglio tecnico?

Si può definire *parola chiave* quella che da sola rievoca nella mente un intero concetto (anche se per concetti particolarmente complessi possono servire più parole chiave per richiamare tutti i passaggi). Ti consigliamo di cerchiare invece che sottolineare le parole chiave: sono subito evidenti e non hai la tentazione di evidenziare un'intera frase, privilegiando la sintesi.

Si chiamano invece *dettagli tecnici* quei particolari che vanno ricordati esattamente come sono espressi nel testo (formule, articoli di codice, date, nomi, luoghi eccetera). I dettagli tecnici possono essere evidenziati sul testo e memorizzati, così come sono, con le tecniche di memoria (*vedi* Parte quarta).

Prima di creare la mappa è indispensabile aver analizzato il testo; anzi, la scelta stessa delle parole chiave e dei dettagli tecnici impone al lettore una prima, essenziale riflessione. Per scegliere le parole chiave, infatti, è necessario individuare e selezionare gli elementi fondamentali e gli snodi concettuali, riducendo allo stesso tempo i dati da memorizzare rispetto alla sottolineatura tradizionale. Il risultato è altrettanto preciso e affidabile perché i dati tecnici sono comunque tutti presenti e fedelmente riportati nella mappa.

Le parole chiave e i dettagli tecnici inseriti potranno, come già detto, essere abbinati alle immagini, che all'interno delle mappe prendono il nome di *visual* e favoriscono la memorizzazione. Anche chi non è bravo a disegnare sa benissimo che è molto più facile ricordare uno scarabocchio, per quanto brutto, che una parola astratta!

Come si sceglie una parola chiave

Il metodo migliore è chiedersi: Se dimentico quella parola, posso comunque andare avanti? Se la risposta è no, allora la parola è da evidenziare; in caso contrario è superfluo farlo. Molte persone non sanno come scegliere perché sono condizionate dal metodo di studio «classico», del tutto privo di una fase di verifica, che invece permetterebbe di elevare la qualità all'apprendimento.

Dopo aver letto e cerchiato, prova a rileggere sul testo soltanto le parole chiave e i dettagli tecnici scelti e cerca di riportare alla mente l'intero concetto. È facile e immediato? Allora hai individuato le parole chiave giuste. Fatichi a ricordare o hai intere aree scoperte? Forse mancano alcune parole chiave, oppure non tutte sono funzionali.

Il momento migliore per la verifica è subito prima di creare la mappa mentale, così sei sicuro di non aggiungere informazioni e di utilizzare parole chiave realmente evocative. Questa fase è molto importante poiché ripassi e controlli le nozioni acquisite, valuti il tuo livello di comprensione e favorisci il deposito a lungo termine.

Le cinque regole magiche

Quali sono i parametri da seguire per creare una mappa che risulti efficace, stimolante, bella da vedere e anche divertente da fare? Esistono cinque regole magiche che ti guideranno. E, contrariamente a quello che la parola «regola» fa pensare, hanno come scopo incrementare la tua libertà di ragionamento, perché creano ordine dal caos. Fare una mappa mentale è un processo attivo di analisi e già solo disegnarla ti permette di ricordare circa il 60 per cento delle informazioni prese in esame, semplificando e velocizzando la fase di memorizzazione.

Le mappe mentali possono essere arricchite con colori, figure e codici per migliorare la visualizzazione, personalizzare e rendere l'insieme più piacevole e curioso. Tutti elementi che stimolano la creatività, il coinvolgimento e l'apprendimento.

Ecco le cinque parole magiche.

1. Enfasi.
2. Associazione.
3. Chiarezza.
4. Personalizzazione.
5. Ripasso.

Vediamole nel dettaglio.

Enfasi

L'enfasi e l'entusiasmo, come già visto, sono tra i più potenti fattori che aiutano a migliorare la memoria e la creatività. Per utilizzare al meglio queste caratteristiche nelle mappe mentali devi:

- *Usare sempre un'immagine centrale.* Un'immagine concentra automaticamente l'attenzione dell'occhio e del cervello sul nucleo principale degli argomenti. La parola può diventare un'immagine attraverso l'uso del carattere, delle dimensioni, dei colori e delle forme.
- *Usare immagini nella mappa mentale.* Creare immagini dà tutti i vantaggi descritti sopra e allo stesso tempo instaura uno stimolante equilibrio tra le capacità corticali, non solo visive e linguistiche. Nel suo articolo «Learning 10.000 pictures» apparso in *Quarterly Journal of Experimental Psychology*, Lionel Standing ha affermato che «la capacità della memoria di riconoscere immagini è quasi senza limiti».
- *Variare la dimensione della scrittura, delle linee e delle immagini.* È il modo migliore per indicare il relativo livello degli elementi in una gerarchia.
- *Usare lo spazio in maniera organizzata e appropriata.* Aumenta la chiarezza della gerarchia e della categorizzazione e lascia la mappa mentale aperta a eventuali aggiunte.

Associazione

L'associazione è un altro fattore determinante nel miglioramento della memoria e della creatività. Qualsiasi tecnica usata per l'associazione può essere utilizzata anche per l'enfasi e viceversa. Per fare questo, prova a:

- *Usare le frecce.* Quando vuoi stabilire connessioni all'interno dello schema a rami, le frecce danno una direzione spaziale ai pensieri.
- *Usare colori e codici.* Permettono di visualizzare connessioni immediate fra parti diverse della mappa mentale.

Chiarezza

Riempire gli appunti di sottolineature, rimandi e scarabocchi ostacola la memorizzazione, l'associazione e la chiarezza di pensiero. Al contrario, per sfruttare tutti i vantaggi della chiarezza ti consigliamo di:

- *Usare una sola parola chiave per linea.* Non è la frase l'elemento da ricordare, ma il concetto che la frase racchiude e che può essere rappresentato più efficacemente da un'unica parola.
- *Creare una gerarchia tra le informazioni.* Lavora ad anelli: nel primo anello, il più vicino al centro, metti gli argomenti principali; nel secondo, gli argomenti che ne discendono direttamente eccetera. Più ci si allontana dal centro più si entra nei dettagli.
- *Scrivere in stampatello.* Lo stampatello ha una forma più definita ed è più facile da «fotografare» per la mente. Inoltre aiuta la sintesi.
- *Connettere* le linee ad altre linee e i rami maggiori all'immagine centrale.
- *Disegnare* le linee centrali più spesse e organiche.
- *Sviluppare la mappa in orizzontale.* Il formato orizzontale (paesaggio) dà più libertà e spazio per disegnare rispetto al formato verticale (ritratto). Se disegni a mano, tieni il foglio fermo come se fosse la tela di un pittore e non ruotarlo. Mantenere sempre

lo stesso punto di vista facilita la revisione, perché ti pone esattamente nella posizione di quando rileggerai la mappa e dovrai inquadrarla con un unico colpo d'occhio.

Personalizzazione

Sviluppare uno stile personale fa sì che le mappe mentali riflettano le reti e gli schemi propri del tuo modo di pensare. Più sei in grado di personalizzare, più il cervello sarà capace di leggere le mappe, fino a riconoscere e identificare nello schema le proprie modalità di ragionamento.

Ripasso

È utile per memorizzare a lungo termine il contenuto della mappa. Per un esame, una prova o un progetto specifico, programma sempre di rivedere la mappa entro un certo periodo di tempo (*vedi* lo schema dei «Ripassi programmati», Capitolo 14). Puoi così rifinire, correggere o implementare specifiche aree e rinforzare le associazioni particolarmente importanti.

Vantaggi

Adesso che ti è chiaro come «costruire» una mappa efficace, risultano anche evidenti i tanti vantaggi di questo nuovo strumento di lavoro. Ecco uno schema per ricordarli meglio:

- L'argomento principale è evidenziato nel nucleo centrale.
- La gerarchia degli argomenti è evidente.
- I legami e i riferimenti interni sono chiari.
- Puoi aggiungere informazioni in ogni momento.
- Hai la visione generale in un solo colpo d'occhio.
- La mappa può essere facilmente e rapidamente consultata.
- Sviluppa la capacità di sintesi.
- Riduce moltissimo il tempo di ripasso.

8

Una mappa
per ogni situazione

Perché le mappe servono a tutti
Tipologie di mappe

Uno strumento per tutti

La mappa può essere usata e creata da chiunque, perché può servire in qualsiasi ambito. È perfetta per presentare in modo sintetico e sinottico una struttura di pensiero anche complessa (un libro, un film, un progetto, un problema, una relazione, un discorso eccetera). È utile per organizzare e comunicare idee, strutturare informazioni, sviluppare piani, supportare e facilitare il pensiero creativo, studiare, scrivere appunti, risolvere un problema e perfino per prendere decisioni.

Le mappe mentali aiutano a interrogarsi in modo analitico e dettagliato quando vogliamo comprendere un testo e sintetizzarlo, estrapolando le parole chiave, sviluppando le associazioni fra idee diverse e le relazioni fra idee simili, usando la memoria visiva grazie a colori, simboli, icone, visual, frecce ed evidenziatori. Sono inoltre promemoria costanti ai quali ricorrere ogni volta che desideriamo rivedere un concetto o un argomento che pensiamo di non ricordare bene: è sufficiente una rapida occhiata allo schema per riportare alla mente non solo il tema, ma anche il ragionamento che ruota intorno a esso.

Nell'inserto a colori puoi vedere alcuni esempi esplicativi di mappe mentali.

Mappe per studiare e sintetizzare

Le mappe mentali possono essere utilizzate durante lo studio come un potente strumento di organizzazione concettuale degli argomenti. Non è possibile sintetizzare senza capire, quindi la creazione stessa della mappa con le parole chiave e la sua struttura nodale complessa richiede un'ottima comprensione del testo. Per arrivare alla mappa mentale è importante prima di tutto sfogliare, anche velocemente, l'articolo o il libro da studiare, almeno per farti un'idea generale di com'è organizzato. Il secondo passaggio è creare una mappa di ciò che già conosci sull'argomento, allo scopo di stabilire gli «agganci» che consentono le associazioni mentali.

Prima di procedere ti consiglio di rilassarti e concentrarti (*vedi* Capitolo 3). Chiediti quali sono i tuoi obiettivi per la sessione di studio e poi passa a una lettura globale del testo, per averne una panoramica. Questo processo mira a fornire l'immagine centrale e i rami principali della nuova mappa mentale multicategoriale (con più di due rami).

La fase successiva è la lettura critica, che ti serve ad analizzare ed estrapolare i concetti più importanti: individua e cerchia le parole chiave che inserirai a mano a mano all'interno della mappa. L'ultimo passaggio consiste nel revisionare e ripassare la mappa secondo gli schemi della memorizzazione a lungo termine (*vedi* Capitolo 14).

Puoi sfruttare facilmente queste mappe come punto di partenza per scrivere saggi o temi che avranno il pregio di una grande chiarezza di pensiero analitico. Infatti i saggi «mappati» mentalmente, le relazioni e i progetti scritti in questo modo risultano sempre strutturati meglio e più focalizzati, creativi e originali di quelli basati sui metodi tradizionali.

Mappe per prendere appunti

Che cosa significa davvero prendere appunti? Trascrivere freneticamente quante più informazioni possibili mentre qualcuno parla? Spesso è quello che facciamo, spinti dall'ansia di cogliere tutto, e rimandiamo la selezione e il ragionamento a una fase successiva. Così ci affanniamo due volte inutilmente. Prendere appunti consiste, invece, nel ricevere informazioni e idee da altre persone (ma anche dai media) e organizzarle in una struttura che rifletta sia il pensiero da cui hanno avuto origine sia le nostre esigenze. Gli appunti dovrebbero essere, oltre a un supporto per la memorizzazione, uno strumento di analisi, creatività e confronto.

È essenziale infatti identificare la struttura sottostante le informazioni ricevute. Creare la mappa aiuta a individuare gli argomenti principali e le gerarchie dei dati che, scritti in modo lineare, sembrano avere tutti la stessa importanza. Quando si prendono appunti in forma di mappa mentale, le note dovrebbero idealmente includere pensieri spontanei che nascono mentre ascoltiamo. Si possono usare colori o simboli come codici per distinguere il proprio contributo personale. È spesso vantaggioso utilizzare due fogli, uno per la mappa vera e propria, in cui inserire solo le parole chiave; l'altro per grafici, tabelle, definizioni o formule che non devono essere sintetizzate.

Se la lezione o il discorso sono organizzati male o l'esposizione lascia a desiderare, la mappa mentale riflette questa mancanza di chiarezza. Il disegno sarà disordinato, esattamente come il pensiero di chi ha parlato. Negli appunti presi in modo lineare, se non capiamo siamo portati ad attribuirci la colpa di non aver trascritto bene le informazioni o di non essere in grado di affrontare l'argomento, mentre una mappa mentale è un valido strumento di giudizio che rappresenta fedelmente i difetti dell'oratore.

Abituati come siamo a prendere appunti in modo lineare, le prime volte possiamo avere qualche difficoltà a costruire una mappa, soprattutto perché non abbiamo il tempo di organizzare

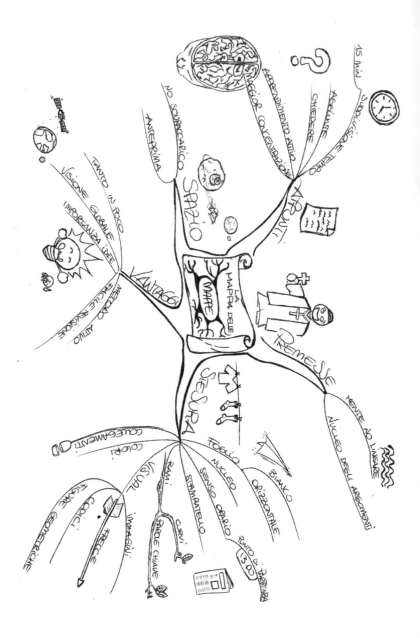

il pensiero. Per allenarti e superare i vecchi condizionamenti, un buon esercizio è disegnare una mappa mentale mentre ascolti il telegiornale: il giornalista parla velocemente per esigenze di palinsesto e difficilmente ti troverai di fronte un professore o un conferenziere che parli più in fretta di uno speaker televisivo.

È possibile usare le mappe anche per le riflessioni personali. In questo caso si tratta di produzione di appunti: sta a te decidere i tempi e gli spazi, e questo rende molto più semplice la gestione della mappa stessa, proprio come succede quando la crei partendo dall'analisi di un testo.

Mappe per riunioni e discorsi

Questo genere di mappe viene utilizzato principalmente nel mondo del business ma può essere utile a tutti per presentare una relazione, il risultato di un lavoro o per tenere un discorso in pubblico, perché è uno strumento prezioso per organizzare le informazioni.

Il nucleo centrale è il titolo del tema da trattare durante la riunione e l'argomento viene sviluppato secondo le regole che abbiamo già esposto (*vedi* Capitolo 7). In questa circostanza le mappe non solo aiutano a strutturare il discorso e a memorizzarlo, ma possono anche essere utilizzate come supporto tecnico (magari riprodotte su una lavagna a fogli mobili, un lucido, una slide) per accompagnare il tuo intervento. L'uditorio potrà seguire il discorso agevolmente grazie a uno sfondo visivo di grande creatività, che fornisce una chiara *overview* della presentazione e permette di orientarsi; eventualmente la mappa stessa può diventare materiale di supporto da lasciare ai partecipanti.

Mappe per progettare e programmare

Il titolo del progetto è il nucleo centrale e si sviluppa come una mappa mentale normale, con la differenza che i vari rami sono orientati alla creazione di qualcosa, piuttosto che all'analisi di ciò che già esiste. Il centro, oltre al titolo del progetto, potrebbe contenere anche lo scopo da raggiungere e ogni ramo potrebbe essere un passo da compiere in quella direzione, con i relativi micro-obiettivi e le scadenze.

Per esempio, immagina di voler programmare la tabella di marcia per la preparazione di un intervento a un convegno. Al centro ci sarà il titolo del convegno e la data, nei vari rami i testi da leggere suddivisi per giorni, la relazione da preparare con la deadline, eventuali materiali da fornire, e l'ultimo giorno per una prova generale.

Mappe per gestire

A volte le situazioni sembrano sfuggirci di mano a causa dei troppi impegni, complicazioni e variabili. Anche in questo caso una mappa mentale ci può venire in aiuto, perché ci permette di fare chiarezza e organizzare il tempo. Inoltre funge da promemoria: riporta quanto è utile sapere e avere sempre a portata di mano per svolgere con efficienza il proprio ruolo.

Se, per esempio, devi organizzare la trasferta per visitare un gruppo di clienti per qualche giorno, puoi mettere nel nucleo la data di arrivo e di partenza, e nei vari rami i compiti e le persone cui essi sono affidati, nonché i tempi per svolgerli e ogni altro particolare rilevante, come numeri di telefono, indirizzi e-mail eccetera. Nel corso della riunione preparatoria la mappa risulta utile per l'assegnazione dei ruoli; durante la trasferta potrai invece consultarla per verificare date, programma e mansioni.

Mappe per decidere

Le mappe sono uno strumento particolarmente utile per chiarirsi le idee prima di compiere importanti scelte professionali e personali.

La chiarezza strutturale ti aiuta a evidenziare i tuoi reali bisogni e desideri, le priorità e le limitazioni, gli obiettivi e gli ostacoli. Con una panoramica esaustiva della situazione sei in grado di prendere decisioni basate su una visione più limpida e oggettiva. Infatti quando si tratta di prendere una decisione, soprattutto se difficile e combattuta (per esempio: Quale dipendente promuovere? Mi conviene accettare il nuovo incarico? Vale la pena cambiare città?), è necessario valutare con attenzione ogni alternativa, così come i pro e i contro che ciascuna comporta.

Metti al centro della mappa, come titolo, la questione da risolvere o sulla quale vuoi riflettere. Una volta chiarita la situazione, puoi procedere. A volte, già solo mettere a fuoco il reale problema rende evidente la soluzione: anzi, il problema è sempre parte della soluzione, quindi tutto ciò che devi fare è creare un quadro chiaro in cui inserire la questione.

La mappa mentale di gruppo

La mappa di gruppo è uno strumento spesso utilizzato nel problem solving, nell'insegnamento e nello studio di gruppo. Durante il brainstorming la mappa mentale diventa il riflesso esterno, grafico, la «copia fisica» a due dimensioni del consenso che si sta formando, e di conseguenza è una sorta di memoria di gruppo. Nel processo le menti individuali si fondono in una mente unica che sfrutta ovviamente le conoscenze, la creatività e le prospettive di tutti. Lavorare in gruppo è molto vantaggioso perché verbalizzare attivamente porta a una maggiore efficacia nell'elaborazione delle informazioni e a ricordare meglio.

Per prima cosa fornisci l'argomento e le informazioni necessarie a ogni singolo membro del gruppo e chiedigli di trascorrere almeno un'ora a creare in modo autonomo la sua mappa. Lavorare separatamente fa sì che nessuno sia condizionato dal flusso creativo degli altri e si evita di convergere in un'unica direzione, come avviene nel brainstorming tradizionale. Poi dividi il gruppo in sottogruppi di tre-cinque persone che si scambino le idee ed elaborino insieme una prima mappa. Inutile ricordare che l'atteggiamento positivo e di apertura, la mancanza di critiche e pregiudizi sono indispensabili per dare libero sfogo al potere creativo. Dopo aver fatto maturare le varie idee, guida la fase finale di confronto tra i gruppi e insieme create la mappa definitiva e condivisa.

PARTE QUARTA

Le mnemotecniche

Attento, che tu creda di riuscire o di non riuscire,
avrai comunque ragione!

HENRY FORD

9

Memoria e creatività

Le lontane origini delle mnemotecniche
Quali sono i principi
Rafforzare gli alleati: fantasia, immaginazione e creatività

Le mnemotecniche: dalla storia alla scienza

È stato Marco Tullio Cicerone (106-43 a.C.) il primo a raccontare l'utilizzo delle mnemotecniche, di cui a suo dire era esperto il poeta lirico greco Simonide di Ceo (550-467 a.C.), capace di tenere discorsi di alcune ore senza fare ricorso ad appunti scritti. Nel *De oratore* Cicerone gli attribuisce una tecnica mnemonica che permette di fissare le informazioni grazie all'associazione con alcuni punti di riferimento visivi ben noti. Tale notizia deriva da un aneddoto ambientato al tempo della permanenza di Simonide presso il re della Tessaglia, Skopas. In occasione di un banchetto faraonico, il nobile aveva assoldato il poeta affinché fossero celebrate le sue doti dinanzi ai convenuti con un elogio in versi. Simonide però dedicò molto spazio all'esaltazione di Castore e Polluce e Skopas, infastidito, gli pagò solo una parte del compenso dicendogli di andare a chiedere il resto ai due semidei. Durante il banchetto Simonide fu avvisato che due giovani lo attendevano fuori dal palazzo; mentre usciva l'edificio crollò, seppellendo il re e tutti i suoi invitati. I cadaveri, sfigurati dalle macerie, erano irriconoscibili, ma Simonide, che ne aveva memorizzato i nomi, fu in grado di identificarli ricostruendo mentalmente quale posizione occupavano attorno alla tavola.

Nell'opera anonima *Ad Hernanium*, da alcuni attribuita allo stesso Cicerone, viene definita meglio la tecnica dei *loci*, in cui i luoghi sono assunti come punti di riferimento fondamentali per memorizzare nuove informazioni. Una volta scelto un luogo che conosciamo bene, specifica l'autore, la nostra mente seleziona alcuni oggetti a cui associa le informazioni, opportunamente rese in forma visiva, in modo da suscitare emozioni e fissarne il ricordo. Questa tecnica era nota agli oratori dell'epoca classica, e anche sant'Agostino (354-430 d.C.) nelle *Confessioni* la menziona come un valido ausilio per la sua memoria.

Per quanto efficace, la tecnica di tradurre le informazioni in immagini fu abbandonata o addirittura demonizzata in alcuni momenti storici. Per esempio nell'Inghilterra del XVI e XVII secolo, quando venne respinta perché ritenuta fonte di pensieri peccaminosi. Al suo posto si diffusero pratiche mnemoniche basate su meccanismi meramente associativi. Altri rifiutavano le immagini poiché costringevano a memorizzare informazioni supplementari che non avevano alcuna attinenza logica con le nozioni da ricordare, e in alternativa proponevano tecniche come gli acronimi, che riducevano il materiale da apprendere.

È il filosofo e matematico tedesco Gottfried Wilhelm Leibniz (1646-1716) a formulare regole e principi per l'organizzazione della memoria, basati sull'associazione di un'immagine sensibile all'informazione da ricordare. A lui si devono i primi alfabeti visivi e numerici, che avranno ampia diffusione nel mondo scientifico.

Solo nell'Ottocento, quando iniziano i primi studi sperimentali sulla memoria, le tecniche vengono elaborate grazie a un'indagine scientifica sistematica, approfondita e ampliata nel corso del Novecento attraverso ricerche specifiche. Da queste derivano le strategie di memorizzazione che, da oltre cinquant'anni, le maggiori società americane insegnano ai propri manager e che gli studenti apprendono nelle migliori scuole superiori. È una pratica ancora poco nota e diffusa in Italia, eppure basta poco per impararla (lo abbiamo promesso: i 21 giorni del titolo bastano e avanzano!) e i vantaggi sono evidenti, immediati e duraturi per tutti.

Una memoria fotografica dai tempi dei... Greci

«La psiche, anche quando pensa speculativamente, deve avere alcune immagini mentali», diceva Aristotele nel suo *De anima* nel IV secolo a.C. Già all'epoca avevano osservato che la memoria è una collezione di immagini mentali derivate da impressioni sensoriali, e da quelle immagini scaturisce ogni sorta di sapere. Del resto i Greci nutrivano una grande considerazione per la memoria, al punto da personificarla nella dea Mnemosine, dal cui nome deriva la parola «mnemotecnica». La leggenda narra che questa dea assieme a Zeus generò le Muse, le nove divinità protettrici della danza, della tragedia, della commedia, della poesia amorosa, della storia, dell'astronomia, della poesia epica, della lirica e degli inni. Un mito che ben rappresenta la natura profonda dell'espressione artistica, frutto dell'unione tra la capacità di memorizzazione e un'enorme energia creativa.

La stretta connessione che gli antichi vedevano tra immagini e memoria è forse una semplificazione, eppure ha un fondo di verità che, come abbiamo visto, è stato tramandato, riscoperto e valorizzato nel tempo, fino a dare vita a straordinarie tecniche di memorizzazione, molto più potenti di ogni altro approccio.

La memoria a due fasi

Prima di spiegare nel dettaglio le singole tecniche, è necessario porci una domanda fondamentale: come funziona la memoria? Distinguiamo innanzitutto due fasi:

1. *Deposito* delle informazioni.
2. *Richiamo* delle informazioni.

Gli studi sul tessuto nervoso di Wilder Penfield (1891-1976), scienziato e neurologo canadese, hanno portato a una scoperta sorprendente: la stimolazione di determinate aree del cervello provoca la rievocazione di ricordi, ossia può far rivivere con grande chiarezza avvenimenti apparentemente dimenticati, anche dell'infanzia, talvolta con vivide sensazioni (suoni, odori eccetera). Quindi la mente riesce letteralmente ad «archiviare» tutto ciò che i cinque sensi percepiscono e immagazzinano: la fase di deposito è di per sé perfetta.

I problemi della memoria sorgono invece quando si vuole richiamare un'informazione precisa, come avviene nei casi in cui abbiamo una parola «sulla punta della lingua». Quante volte accade di aver bisogno di un'informazione che siamo certi di conoscere, anche banale, come il nome di una persona, ma non riusciamo a ripescarla nel momento in cui è utile? La mente archivia tutto, purtroppo spesso in maniera disordinata.

Se paragoniamo la mente a un vocabolario, qualsiasi termine vogliamo cercare, basterebbe sfogliare il volume in ordine alfabetico per trovarlo; ma se l'editore si fosse scordato di mettere i lemmi in ordine alfabetico, la ricerca avverrebbe in modo casuale: sarebbe necessario sfogliare tutto il dizionario analizzando ogni singola parola fino a trovare quella di cui abbiamo bisogno. Una bella fatica, no? La ricerca non si esaurirebbe in breve tempo, non sarebbe possibile utilizzare un metodo noto e molto probabilmente non sarebbe efficace.

La differenza che esiste tra un vocabolario
basato sull'ordine alfabetico e uno che ne è privo
è la stessa che intercorre
fra una mente che apprende con le tecniche di memoria
e una mente che lo fa a casaccio.

Le tre caratteristiche della memoria

Le tecniche di memorizzazione agiscono sulla fase di richiamo per migliorarla e razionalizzarla. Un obiettivo che è alla portata di tutti: inutile scuotere la testa e pensare che qualcuno nasce con una memoria da elefante e qualcun altro, semplicemente, no. Basta imparare a controllare le nostre «modalità di archiviazione» per rendere facile e possibile il richiamo delle informazioni ogni volta che lo desideriamo. In che modo? Come abbiamo già visto, l'approccio più efficiente è sempre lo stesso: sfruttare le nostre caratteristiche naturali.

In particolare, la memoria è:

- Visiva.
- Associativa.
- Emotiva.

Vediamo a cosa corrisponde questa classificazione.

Memoria visiva

Ogni volta in cui pensiamo o ricordiamo, la mente crea in modo del tutto naturale un'immagine di quel pensiero o di quel ricordo. Tale processo, che può essere definito «visualizzazione», avviene poiché il cervello memorizza e ricorda molto più facilmente le immagini rispetto a qualsiasi altro tipo di informazione. Le tecniche di apprendimento efficace sfruttano proprio questo principio, permettendo di creare immagini semplici da visualizzare per ogni informazione che vogliamo ricordare, persino la più astratta.

Memoria associativa

Immagina che ogni singolo ricordo immagazzinato sia l'anello di una catena. Nel momento in cui ricordiamo un evento, una persona o un episodio, molto spesso compaiono nella nostra mente tutte le immagini e le sensazioni collegate. A molti basta riascoltare, per esempio, la canzone «tormentone» dei Mondiali di calcio 2006 per richiamare le scene e le emozioni di quella cavalcata trionfale. Proprio come in una catena, il primo anello è la canzone, e il resto viene di conseguenza. Questo è un trucco importantissimo: dobbiamo imparare ad associare in maniera efficace le informazioni da memorizzare, perché sarà sufficiente richiamarne una per ricordarle tutte.

Memoria emotiva

I ricordi più duraturi sono quelli associati a una forte emozione o a qualcosa che ha colpito a fondo l'immaginazione, mentre dimentichiamo facilmente ciò che è logico o rientra nella routine. Se qualcuno ci chiedesse cosa abbiamo mangiato mercoledì scorso, probabilmente non saremmo in grado di rispondere, a meno che proprio quel giorno non sia stato un'occasione speciale, come un anniversario, un compleanno, un pranzo di lavoro. Il ricorso alla creatività, al paradossale e all'emotività è una delle chiavi fondamentali per applicare con successo le mnemotecniche: più una cosa ci stupisce, meglio la ricordiamo!

Una memoria da sogno

Ricordi l'ultima volta in cui hai avuto un incubo? Magari hai sognato di essere attaccato da un branco di lupi affamati e di correre per scappare. Nel momento in cui ti sei svegliato di soprassalto, il tuo corpo stava reagendo come se tu fossi stato davvero in pericolo (sudorazione elevata, ansia e battito cardiaco accelerato). Questo perché la mente non distingue il sogno dalla realtà. Per dirlo con una famosa frase del medico americano Maxwell Maltz, dal suo trattato *Psico-cibernetica*:

> *La nostra mente non distingue un'esperienza vividamente immaginata da una realmente vissuta.*

Possiamo sfruttare questa capacità autoillusoria della mente per creare artificialmente ricordi che, grazie alla visualizzazione e all'associazione creativa e paradossale, serviranno a memorizzare ogni genere di informazione (nomi, volti, numeri, testi, codici, formule, vocaboli stranieri eccetera). E il bello è che anche i nostri «ricordi inventati» avranno la stessa chiarezza degli episodi reali che restano scolpiti nella memoria per tutta la vita.

In che modo riuscirci? Grazie al principio della visualizzazione. E per far sì che le associazioni di immagini rimangano impresse, basta seguire tre semplici regole che permettono di ricordare le informazioni molto più facilmente e velocemente:

P	*Paradosso*: distorcere, esagerare, creare immagini assurde. Bisogna inventare immagini che suscitino emozioni forti, e dare sfogo alla propria immaginazione.
A	*Azione*: è il miglior collante per ricordare le immagini che si stanno visualizzando. È sufficiente farle interagire come una catena di avvenimenti.
V	*Vividezza*: l'immagine deve essere nitida nella mente e avere dettagli che colpiscano, come colori sgargianti, suoni forti e sensazioni particolari.

Il segreto per diventare abili memorizzatori è sviluppare il proprio potenziale creativo, liberare la mente da inutili schemi e abitudini improduttive. La chiave del PAV è quindi la *creatività*.

Per esempio, come si potrebbe creare nella mente un pennarello PAV? Di che forma e dimensione potrebbe essere? Quali azioni potrebbe fare? Di che colore sarebbe?

E se si applicasse lo stesso procedimento a un elefante? O a una casa?

Guardiamoci attorno. La maggior parte delle cose che ci circonda è frutto della creatività dell'uomo: la scrivania, i libri, il computer, il tram che passa, un aeroplano. Un tempo tutto questo non esisteva: è nato nella mente di qualcuno, che prima l'ha concepito sotto forma di sogno e poi l'ha trasformato in realtà.

«L'immaginazione è più importante della conoscenza», diceva

Einstein. E infatti l'immaginazione e la creatività sono alla base dell'evoluzione e della crescita, dell'adattamento e del cambiamento.

In quest'epoca è indispensabile trovare nuove soluzioni, imparare a cambiare con facilità, rinnovarsi, creare nuove opportunità. Troppi continuano a pensare che la creatività sia un dono misterioso che si possiede o non si possiede; invece dovremmo abituarci a considerarla un insieme di capacità che possono essere apprese, sviluppate e gestite in modo sistematico.

Ammettiamolo: credere che la creatività dipenda dall'ispirazione, dal talento e dal caso è un'ottima scusa per rinunciare senza averci neanche provato. Con il pessimo risultato che ci sentiremo sempre individui di serie B: pronti, volonterosi, disponibili, ma senza quel certo-non-so-che che fa la differenza. E se invece rovesciassimo la prospettiva? Come ogni altra caratterista umana, anche la creatività può essere migliorata, sviluppata e allenata attraverso precise strategie. Hai mai provato a parlare con una persona che consideri creativa? Un collega, il tuo superiore, un amico? Ti renderai conto che è perfettamente in grado di spiegarti quale approccio e quali strategie usa per affrontare i problemi. E se non lo fa è probabilmente perché preferisce tenere per sé i suoi segreti e lasciar credere agli altri che si tratti di doti inarrivabili.

Be', non fidarti, ora ti dimostreremo che la creatività è alla portata di tutti.

Metti alla prova la tua creatività: il brainstorming

Una volta imparato a leggere, scrivere, fare i conti, ci ritroviamo con la mente ingabbiata nella logica: una struttura utilissima, ma che rischia di soffocare la fantasia. Chi ha detto che logica e fantasia non possano convivere? Privilegiare l'una senza l'altra (come abbiamo imparato a scuola) significa usare solo una parte del potenziale cerebrale.

Sviluppare la propria immaginazione significa acquisire maggiore elasticità mentale, uscire dagli schemi del ragionamento logico, trovare soluzioni nuove e originali ai problemi di ogni giorno… In poche parole, dare spazio al genio che è in tutti noi!

Lo sapeva bene il magnate della pubblicità Alex F. Osborn che nel 1938 istituì nella sua azienda una nuova tecnica per tirare fuori idee e soluzioni. I suoi impiegati la chiamarono brainstorming. Durante ogni sessione venivano incoraggiati a dar voce a qualsiasi idea, anche a quelle stupide o irrealistiche. A nessuno era permesso criticare o bocciare le proposte altrui, regnava sempre un clima di assoluto e reciproco rispetto, senza gerarchie di sorta, in totale assenza di giudizio.

La tecnica si dimostrò così efficace che negli anni Cinquanta il brainstorming era già diventato una consuetudine nei consigli di amministrazione delle società americane.

Hai mai provato ad affrontare un problema con la stessa libertà? Anziché impegnarti a cercare risposte rigorose e inquadrate (e perciò prevedibili), ti sei mai concesso di far vagare la mente verso i confini del possibile e oltre? È divertente, istruttivo ed efficace. Studi e ricerche hanno dimostrato che il principio del brainstorming collettivo funziona anche quando lo pratichiamo individualmente, senza per questo diminuire i suoi effetti benefici.

Sei pronto a metterti alla prova? Scoprirai di essere molto più originale di quello che credi.

Per prima cosa, poniti un problema e cerca il maggior numero di soluzioni. Tutte: ordinarie, banali, scontate, prevedibili, imprevedibili, originali, strane, macchinose, impossibili… Nelle aziende, alla fase creativa segue una seconda fase di razionalizzazione che consiste nel soppesare ogni singola soluzione in base all'effettiva attuabilità, al mercato, alle esigenze concrete, ai limiti e ai mezzi a disposizione.

Nel nostro caso, invece, il tuo compito si limita alla prima fase, quella creativa: non spaventarti se ti sembra di aver esaurito la fantasia dopo qualche tentativo. Insisti, insisti e insisti. Vedrai che il giorno dopo, a mente fresca, si affacceranno nuove idee, forse più bizzarre, ma di certo creative.

Le regole sono poche e semplici:

1. *Non pregiudicare*: lascia andare la mente a ruota libera.
2. *Non criticare* le soluzioni trovate.
3. Conta *la quantità*, non la qualità.

Esercizio

Trova 10 soluzioni al giorno a un problema qualsiasi, per 30 giorni consecutivi, per un totale di 300 soluzioni. Il «problema» deve essere qualcosa di talmente banale da non costituire affatto un problema, in modo che tu sia costretto a lambiccarti alla ricerca di soluzioni del tutto personali. Per esempio:

Come attraversare un fiume

Prova da solo con questo semplice problema per una settimana. Al termine dell'esercizio, confronta le tue soluzioni con quelle che abbiamo trovato noi.

Giorno 1
Nuoto, saltello sui sassi, metto i trampoli, mi trasformo in un pesce; mi allungo come Tiramolla; cammino sulle mani; trasformo l'arcobaleno in un ponte; allineo le nuvole una dopo l'altra; taglio un albero e lo stendo; monto un cavallo.

Giorno 2
Mi aggrappo alle zampe di un uccello; volo in mongolfiera; faccio di un quarto di luna un'amaca e ci cammino sopra; creo una diga di sassi; faccio un ponte di pesci; i castori costruiscono una barriera per me; uso un tappeto volante; avvicino l'altra riva con la forza del pensiero; bevo tutta l'acqua e cammino; allungo la mia lingua srotolandola e ci faccio sopra una capriola.

Giorno 3
Incontro un bambino che tira sassi piatti, mi rimpicciolisco e mi accoccolo su uno di quei ciottoli; mi faccio lanciare da una fionda;

attraverso sul naso di Pinocchio; uso la borsa magica di Mary Poppins; Cip e Ciop fanno un ponte di ghiande per me; salto una corda di stelle; il caldo del sole fa evaporare l'acqua; Polifemo mi porta in braccio; galleggio in un guscio di noce; mi aggrappo a una liana di Tarzan.

Giorno 4

Attraverso sulla barba di Mangiafuoco; sull'unghia lunga del mignolo di Maga Magò; passo sullo strascico del vestito da sposa di una principessa; un monello mi spara con la cerbottana; attaccato all'ombrellino di Mary Poppins; cammino su un ponte fatto con i sogni dei bambini; cammino su un ponte di plastilina; saltello su vasetti di vernice colorata; annodo tante collane che formano un ponte; volo dentro una bolla di sapone.

Giorno 5

Mi trasportano i fiocchi di neve; annodo la cintura di Polifemo a quella di Fra Tuck; faccio un ponte con le pedine del domino; allungo un pallone da rugby; scivolo su un fulmine; striscio sul tentacolo di un polpo; distendo la spirale di un quaderno; passo dentro a un tubo flessibile con i cavi elettrici; volo con il vento; mi porta un gallo che fa chicchirichì; atterro dall'altra parte con un paracadute.

Giorno 6

Allungo le lettere di «precipitevolissimevolmente» fino a farle divenire un ponte; faccio sci d'acqua; una ventata d'amore mi solleva; salto sulla pancia di Baloo; mi lancio da un'altalena; attraverso un'asse di equilibrio posta fra le due rive; salgo in groppa a una rana; percorro le frequenze radiofoniche; valico un ponte di note musicali; volo su un pallone calciato da un campione.

Giorno 7

Attraverso a cavallo di una freccia di Robin Hood; dentro a una bottiglia insieme con un messaggio; sul dorso di un salmone; un drago mi inghiotte e mi sputa dall'altra parte; cammino su un lungo piffero evitando i buchi; sulle molliche di pane lasciate da Pollicino; mi nascondo dentro il cappuccio di Cappuccetto Rosso; vado in canoa; mi attacco a un amo lanciato da un pescatore; faccio surf tra le pietre; uso come barca la scarpa di un gigante.

10

A scuola di parole

Come memorizzare la terminologia specifica
Imparare una lingua in 30 giorni

Le parole giuste per ogni cosa

Normalmente, per acquisire la terminologia corretta di ogni professione occorre molto tempo e molta pratica, soprattutto quando le parole da ricordare sono estremamente specifiche. In medicina o in giurisprudenza, per esempio, parecchi termini hanno un'etimologia greca o latina e, per chi non ha studiato queste lingue, memorizzare parole e significato è difficile quanto imparare una lingua straniera.

Ci può venire quindi in aiuto la tecnica del PAV che, come abbiamo visto nel precedente capitolo, associa alle informazioni da ricordare immagini concrete. In che modo? Prendiamo la parola EMOZIONE: nessuno di noi ha mai dovuto sforzarsi per imprimersela nella mente, ma è un ottimo spunto per la sua natura astratta e non immediatamente visualizzabile.

Quale immagine evoca la parola «emozione»? Un cuore, una mamma con un bambino, un quadro pieno di colori, un tramonto: tutte associazioni valide, ma soggettive, che a distanza di tempo potremmo confondere con quelle di altre parole, come AMORE, DOLCEZZA, SERENITÀ oppure SENTIMENTO.

Diventa quindi determinante trovare una strategia che non crei confusione e non generi errori nella fase di richiamo.

Eccola in tre semplici passaggi:

1. *Trova immagini concrete* all'interno della parola, suddividendola in due o più parti.
2. *Associa le immagini con il PAV* usando la creatività.
3. *Chiudi gli occhi e visualizza* rendendo ogni dettaglio il più vivido possibile.

Torniamo al nostro esempio: il primo passaggio consiste nel trovare immagini concrete all'interno della parola EMOZIONE dividendola in modo appropriato, come EMO e ZIONE. Per EMO possiamo utilizzare il sangue (emoglobina), mentre per ZIONE uno zio molto grasso.

Abbiamo ora immagini concrete per ogni parte della parola; a queste applichiamo la strategia del PAV: si potrebbe, per esempio, immaginare una pozza di sangue (EMO), dalla quale salta fuori uno zio grasso (ZIONE) con tutte le goccioline rosse che colano sul suo corpo. Effettivamente è un po' macabro, ma di certo efficace. A questo punto non resta che chiudere gli occhi e visualizzare l'associazione scelta facendo attenzione a non aggiungere dettagli inutili.

Applichiamo la stessa tecnica a qualche parola più complessa.

SPINOBULBOTALAMOCORTICALE

1. SPINO – BULBO – TALAMO – CORTI – CALE
   SPINO = La spina di una rosa
   BULBO = Il bulbo oculare
   TALAMO = Il letto nuziale
   CORTI = Un cortile
   CALE = Le cicale
2. Ho in mano un'enorme SPINA di una rosa e decido di infilarla violentemente nel mio BULBO oculare. Il dolore è violento, la estraggo e la tiro sul mio TALAMO. Decido quindi di prendere il talamo e di gettarlo in mezzo al cortile (CORTI) che viene invaso dalle cicale (CALE).

MELANINOGENICUS

1. MELA – NINO – GENI – CUS
   MELA = Una mela
   NINO = Nino D'Angelo
   GENI = Il genio della lampada
   CUS = Il couscous
2. Mi trovo di fronte a un'enorme MELA dalla quale fuoriesce Nino D'Angelo (NINO) il quale ha diritto a un desiderio dal genio della lampada (GENI) e chiede un piatto di cous cous (CUS).

A prima vista, il processo di divisione e creazione d'immagini può sembrare un po' macchinoso e complesso. Il dubbio è lecito dato che questa strategia è molto differente dal metodo canonico di studio «leggi e ripeti», e un cambiamento così radicale potrebbe spaventare chi ancora non lo padroneggia. Ma basta un po' di pratica per rendersi conto della velocità con cui si possono memorizzare anche i termini più lunghi e complessi!

Il consiglio è di provare immediatamente, perché a ogni passaggio diventerà sempre più naturale e spontaneo. La prima volta avremo un risparmio di tempo rispetto a chi si limita a leggere e ripetere, la seconda volta il processo sarà ancora più rapido, fino ad arrivare, dopo aver migliorato la creatività, a risultati strabilianti. *Tutto è difficile prima di diventare facile!*

Ricorda che il vero obiettivo del libro è ottimizzare l'efficienza della mente. La sfida non è testare la strategia, ormai messa alla prova con successo da migliaia di persone nel mondo, ma confrontarti con tecniche nuove che hanno un effetto a breve termine (permettono di memorizzare subito e con facilità) e a lungo termine (un approccio diverso è di per sé uno stimolo per la mente).

Qualche suggerimento

- Come avrai già notato negli esempi precedenti, quando usi la tecnica dei termini complessi non è necessario che l'immagine scelta corrisponda in modo letterale alla parte di parola a cui si riferisce.

  Esempio: la parola FANTASIA può essere scomposta in FANTA (letterale) e ZIA (al posto di SIA). Ovviamente non ti confonderai mai dicendo FANTAZIA.

- Stai però attento a non cambiare mai l'ordine della storiella, altrimenti rischi di invertire le parti della parola da memorizzare.

  Esempio: nella parte precedente del testo abbiamo scomposto il termine EMOZIONE. La nostra storia PAV partiva da una pozza di sangue (EMO) da cui spuntava uno zio molto grasso (ZIONE). Se invece visualizzassimo uno ZIONE che si tuffa in una pozza di sangue (EMO), la ricostruzione della parola nell'ordine della visualizzazione ci porterebbe a comporre la parola ZIONE-EMO.

- La storia deve essere vivida e brillante, ma non esagerare. In particolare, non sovraccaricare la visualizzazione di troppe immagini o dettagli inutili, cioè privi di riferimenti a ciò che devi memorizzare.

  Esempio: voglio dividere il termine LINGUAGGIO e creare un'associazione PAV. Divido la parola in LINGUA e GIO (il mio amico Giovanni). Un'associazione efficace è: mi prude la LINGUA, la tiro fuori e ci trovo il mio amico GIOvanni che dorme. Da evitare invece: mi prude la LINGUA, dunque apro la bocca e inizio a grattarmi sfregandomi la lingua sui denti finché mi accorgo che sulla superficie si trova il mio amico GIOvanni che, con un pigiama di flanella rosa, sta riposando e sogna di scalare una montagna inseguito dai lupi…

  In un'associazione come questa ci sono troppi dettagli inutili che «appesantiscono» il file. La tua mente, ormai abituata dai nostri esercizi all'efficienza e alla focalizzazione, sarebbe portata a chiedersi il senso dei dettagli inutili, perché a ogni aggancio deve corrispondere, in un sistema ben funzionante, un significato.

Esercizio

Ecco un esercizio guidato per applicare la tecnica di memorizzazione dei termini complessi.

EMOCROMOCITOMETRICO

1. *Trova immagini concrete all'interno della parola*, suddividendola in due o più parti.
   Come faresti?

   _____

   _____

   _____

   _____

   _____

   Suggerimento: EMO (sangue) – CROMO (l'auto Fiat Croma) – CITO (il marito della scimmia Cita) – METRICO (un metro).

2. *Associa le immagini con il PAV.*
   Crea un'associazione con le immagini che hai scelto:

   _____

   _____

   _____

   _____

   _____

   Suggerimento: una strada è piena di pozze di sangue (EMO) e mi immagino che arrivi una Croma (CROMO) guidata da Cito (CITO), che colpisce i passanti con un metro (METRICO).

3. *Chiudi gli occhi e visualizza.*

Una lingua alla portata di tutti

Al giorno d'oggi la conoscenza di una o più lingue straniere è estremamente utile. Sia in campo professionale sia a livello personale è una competenza necessaria per muoversi, viaggiare o semplicemente tenersi aggiornati. In effetti, indicare sul curriculum «conoscenza a livello scolastico», spesso non è sufficiente per affermarsi in un mercato del lavoro agguerrito come quello odierno. I vantaggi che derivano dal conoscere più lingue sono molteplici e noti a tutti, ecco perché aumentano le iscrizioni ai tanti corsi di lingua, anche se è molto difficile frequentarli e studiare con costanza. Il metodo tradizionale a cui siamo abituati dai tempi della scuola rende l'apprendimento ancora più lungo e complicato, mettendo seriamente a rischio la nostra motivazione.

L'obiettivo delle tecniche in quest'ambito è di semplificare la memorizzazione dei vocaboli. Miscelando bene creatività e razionalità grazie al PAV, è possibile costruirsi un buon vocabolario di base, utile per districarsi in tutte le situazioni pratiche, che rimarrà nel tempo.

La strategia è simile a quella dei termini complessi che abbiamo appena visto, con la differenza che all'immagine del vocabolo in italiano si associa l'immagine della corrispondente traduzione. Per facilitare la memorizzazione è importante partire dalla parola in italiano (o comunque della linguamadre), e associare l'immagine trovata con la pronuncia della parola in lingua straniera. È infatti importante memorizzare la pronuncia corretta, perché è necessaria per conversare e comunicare.

Per memorizzare i vocaboli stranieri di qualsiasi lingua basta adattare e seguire il solito procedimento:

1. *Trova immagini concrete* per il vocabolo italiano e per quello straniero, che va trattato come un'informazione astratta.
2. *Associa le immagini con il PAV.*
3. *Chiudi gli occhi e visualizza.*

Facciamo qualche esempio con l'inglese.

italiano	inglese	pronuncia
BARBA	beard	BIARD

1. BARBA = una lunga barba bianca
   BIARD = un biliardo
2. Prendi una lunghissima BARBA bianca e la usi per pulire il panno del BILIARDO.
3. Chiudi gli occhi e visualizza.

italiano	inglese	pronuncia
BORSA	bag	BEG

1. BORSA = una borsa
   BEG = un becco
2. Sei andato a fare la spesa e dalla BORSA esce un grandissimo BECCO che inizia a beccarti molto forte.
3. Chiudi gli occhi e visualizza.

italiano	inglese	pronuncia
PRANZO	lunch	LANC (c dolce)

1. PRANZO = pausa pranzo
   LANC = lancia medievale
2. Gli inglesi quando fanno la pausa PRANZO mangiano delle lunghissime LANCE medievali.
3. Chiudi gli occhi e visualizza.

italiano	inglese	pronuncia
AMICO	friend	FREND

1. AMICO = il tuo migliore amico
   FREND = Fred Flintstone
2. Stai passeggiando con il tuo migliore AMICO e improvvisamente

da un angolo esce FRED Flintstone che inizia a picchiarlo con la sua clava.

3. Chiudi gli occhi e visualizza.

Il tempo di imparare una nuova lingua

Il problema (o la scusa) che spesso ci impedisce di iniziare a studiare una nuova lingua è il tempo. Tra lavoro e famiglia, dove trovare qualche ora a settimana per frequentare un corso? In apparenza una vera «missione impossibile».

Ma affrontiamo la questione da un altro punto di vista. Il vocabolario utilizzato da una persona madrelingua comprende mediamente dalle settecento alle milleduecento parole. Attraverso gli esercizi precedenti avrai notato che, grazie alle tecniche, basta un minuto per memorizzare la pronuncia di un vocabolo. Se dedicassi trenta minuti al giorno allo studio del lessico, potresti imparare trenta vocaboli, che in un mese di applicazione quotidiana diventeranno novecento, una base più che sufficiente per poter comunicare in modo disinvolto. Chi non riesce a ritagliarsi trenta minuti? Mentre fai colazione, durante la pausa pranzo, nel tragitto casa-lavoro: con un po' di organizzazione e astuzia in pochissimo tempo potresti padroneggiare i rudimenti di una nuova lingua.

Ovviamente avere un buon vocabolario non significa saper parlare, ma è una condizione imprescindibile per prendere confidenza con la musicalità, il ritmo e la cultura che l'ha prodotta. Se aggiungi qualche ora allo studio della grammatica – magari una a settimana – nel giro di un mese potresti già sostenere le prime conversazioni. Poi con la pratica memorizzare diventa più semplice e veloce, e si acquisisce una crescente fluidità e sicurezza. Frammentato in questi termini, non ti sembra che il problema diventi subito più facile da affrontare?

Una regola per le eccezioni

La stessa tecnica può essere utilizzata per memorizzare i fa-migerati paradigmi. Chi non li ricorda dai tempi del liceo, con il latino e il greco? O, più semplicemente, può servire a memorizzare i verbi irregolari. Soprattutto in inglese è frequente cadere in veri e propri «orrori grammaticali», come *You getted me mad* (al posto di *You got me mad*). E, neanche a farlo apposta, i verbi irregolari sono fra i più diffusi e diventano facili spie di una conoscenza imperfetta della lingua.

Di seguito trovi qualche esempio di come applicare la tecnica ai paradigmi in inglese, latino e tedesco.

TO FALL (CADERE)

PARADIGMA	TO FALL	FELL	FALLEN
PRONUNCIA	FOL	FEL	FOLLEN

1. CADERE = cadere giù
   FOL = folla
   FEL = felino
   FOLLEN = folle
2. Stai CADENDO giù da un precipizio ma rimbalzi su una FOLLA, finendo così in bocca a un FELINO affamato ma per fortuna arriva un FOLLE e ti salva.
3. Chiudi gli occhi e visualizza.

FERO-FERS-TULI-LATUM-FERRE (PORTARE)

1. FERO = Braccio di Ferro
   FERS = ferro da stiro
   TULI = tulipano
   LATUM= lato
   FERRE = Ferré
2. BRACCIO DI FERRO tira contro una porta un enorme FERRO

DA STIRO, poi con il ferro stira un TULIPANO, ma ne brucia un LATO e lo regala a Gianfranco FERRÉ.

3. Chiudi gli occhi e visualizza.

HELFEN-HILFT-HALF-GEHOLFEN (AIUTARE)

1. HELFEN = elfi
   HILFT = Terence Hill
   HALF = Alfa Romeo
   GEHOLFEN = Golf
2. La CROCE ROSSA (aiutare) è formata da ELFI guidati da Terence HILL che li carica tutti sopra la sua ALFA Romeo, ma vanno a sbattere contro una GOLF.
3. Chiudi gli occhi e visualizza.

Il tedesco alla portata di tutti

Una lingua estremamente complessa da studiare è il tedesco: parole lunghissime, sintassi difficile, generi e declinazioni. Eppure, proprio per questo la conoscenza del tedesco potrebbe riverlarsi un asso nella manica e alcuni problemi nello studio potrebbero essere semplificati. Prendiamo per esempio i generi: in italiano, come tutti sanno, sono due – maschile e femminile – in tedesco si aggiunge il neutro. Purtroppo non esistono regole grammaticali per ricavare il genere di una parola partendo dal suo genere in italiano.

Anche in questo la strategia migliore è aggiungere un cliché mentale al genere del vocabolo, che favorisca la memorizzazione attraverso la visualizzazione. Cosa meglio dei colori?

DER	ART. MASCHILE	COLORE NERO
DIE	ART. FEMMINILE	COLORE ROSSO
DAS	ART. NEUTRO	COLORE GIALLO

segue

Ora che abbiamo trovato e associato i colori possiamo cercare immagini collegate a quello che ti evocano (gli argomenti sono vari, dalla cultura, alla politica, alla cinematografia). Quindi per il *nero* potresti prendere immagini come Hitler (il fascismo, le camicie nere), i film horror o la cultura africana. Per il *rosso* si possono utilizzare Stalin, Lenin (tutto quello che riguarda il comunismo) oppure personaggi di film a luci rosse, o ancora immagini della cultura dei pellerossa. E infine per il *giallo* personaggi dei film gialli o tutto quello che riguarda la cultura cinese.

Esempi

GONNA = DER ROCK

Immagini HITLER (cliché mentale per l'articolo maschile) che in un concerto ROCK suona con una GONNA corta.

SOLE = DIE SONNE

Visualizza il SOLE in cielo e ti accorgi che ha così sonno che si mette a sbadigliare facendo il verso degli INDIANI oppure è tutto ROSSO (cliché per l'articolo femminile).

UFFICIO = DAS BÜRO

Entri nel tuo UFFICIO e trovi che ogni cosa è fatta di BURRO e c'è un CINESE (cliché per l'articolo neutro) che lo lecca.

Come si scrive

Una volta imparata la pronuncia e il significato della parola, non resta che focalizzarci sulla scrittura. Purtroppo per la maggior parte delle lingue non esistono regole fonetiche rigorose che permettono di passare dalla pronuncia alla grafia: l'italiano è una delle poche che si «leggono come si scrivono», ma inglese e francese, per esempio, richiedono un ulteriore passaggio di memorizzazione.

In questo caso sfruttiamo il *principio del contrasto figura-sfondo*, che si avvale ancora una volta della nostra predisposizione a depositare nella mente le immagini. Ti è mai successo di non avere ben chiaro come scrivere una parola, ma se la vedi scritta capisci subito se è corretta oppure no?

Un esempio è la parola COSCIENZA. Ovviamente tutti sappiamo che vuole la I, ma se la trovassimo scritta in questo modo:

COSCENZA

la nostra mente ci segnalerebbe che qualcosa non va, creando una sensazione di disagio.

Guardando invece la parola scritta nel modo corretto

COSCIENZA

non avremmo alcuna perplessità e continueremmo a leggere il testo senza dubbi o interruzioni di sorta.

In questo caso se si vuole utilizzare il principio del contrasto figura-sfondo per ricordare che la parola COSCIENZA vuole la I, la dobbiamo evidenziare così da fotografare visivamente il particolare rilevante:

COSCIENZA

Applichiamo lo stesso principio ai vocaboli stranieri, per esempio il tedesco BAHNHOF.

La particolarità della parola sono le due H che non si sentono nella pronuncia. Per memorizzarle visivamente ricorriamo al principio del contrasto figura-sfondo in questo modo:

BAHNHOF

La strategia che ti abbiamo illustrato è semplicissima ma molto efficace, perché sfrutta a pieno la nostra memoria fotografica. Provala e te ne renderai subito conto.

Qualche trucco per imparare le lingue

Come abbiamo detto prima, il vocabolario è solo la base di partenza per imparare una lingua. La parte più dura e noiosa è senz'altro lo studio della grammatica, ma esistono tanti semplici trucchi per facilitarti il compito, migliorare la tua padronanza e renderti più disinvolto. Ecco qualche suggerimento:

1. Studia le regole di fonetica della lingua; in questo modo è più facile comunicare efficacemente e riuscire anche a dedurre la grafia.
2. Ascolta musica e leggi i testi delle canzoni nella lingua che vuoi imparare; guarda DVD di film che già conosci, mettendo i sottotitoli nella lingua che ti interessa.
3. Leggi riviste e libri in lingua così da prendere dimestichezza anche con le costruzioni grammaticali e iniziare a interiorizzarle.
4. Studia la grammatica in base al tuo livello di competenza. Non ha senso studiare tutte le forme grammaticali se conosci un centinaio di vocaboli e sai utilizzare solo l'indicativo presente. A mano a mano che il tuo vocabolario cresce, approfondisci anche la conoscenza delle altre forme grammaticali e soprattutto mettile in pratica. Un approccio attivo alla lingua ti consente di assimilare meglio quello che apprendi.

Esercizio

Ecco un esercizio guidato per applicare la tecnica di memorizzazione dei termini stranieri.

italiano	inglese	pronuncia
MAGRO	thin	FIN

1. *Trova immagini concrete* per il vocabolo in italiano e per quello in inglese.
   Come faresti?

   _____
   _____
   _____
   _____
   _____
   _____
   _____

   Suggerimento: MAGRO = una persona molto magra, FIN = Gianfranco Fini.

2. *Associa le immagini con il PAV.*
   Crea un'associazione con le immagini che hai scelto:

   _____
   _____
   _____
   _____
   _____
   _____
   _____

   Suggerimento: Una persona molto MAGRA va da FINI e gli chiede l'autografo.

3. *Chiudi gli occhi e visualizza.*

   Proviamone un altro.

italiano	inglese	pronuncia
CUCCHIAIO	spoon	SPUUN

1. *Trova immagini concrete* per il vocabolo in italiano e per quello in inglese.
   Come faresti?

   _____
   _____
   _____
   _____
   _____
   _____
   _____
   _____

   Suggerimento: CUCCHIAIO = un cucchiaio, SPUUN = una spugna.

2. *Associa le immagini con il PAV.*
   Crea un'associazione con le immagini che hai scelto:

   _____
   _____
   _____
   _____
   _____
   _____
   _____

   Suggerimento: prendo il CUCCHIAIO per mangiare una minestra calda ma mi accorgo che è una SPUGNA, così la inzuppo dentro e poi me la mangio.

3. *Chiudi gli occhi e visualizza.*

11

Impara a osservare

*Come ricordare nomi e volti nuovi
Fissare le immagini nella mente*

L'arte di conoscere e farsi conoscere

Il primo giorno di lavoro, una sala riunioni affollata, un convegno o banalmente il matrimonio di un cugino di secondo grado: sono tutte occasioni in cui ci ritroviamo catapultati tra sconosciuti o quasi, e siamo costretti a trascorrere almeno qualche ora con loro. E se si tratta di un'occasione di lavoro, probabilmente vogliamo sfruttare questa situazione per incontrare persone e stringere rapporti che potrebbero tornarci utili in futuro. Però le presentazioni sono così rapide e la stanza è così affollata che presto dimentichiamo nomi e visi. Eppure, se riuscissimo a ricordarli, potremmo evitare pessime figure e fare subito una buona impressione. Dimostrare attenzione per l'interlocutore è alla base di ogni rapporto personale o professionale, perché l'altro sa di essere stato ascoltato e di essersi distinto in mezzo alla folla. Si sente, insomma, apprezzato e tenderà a ricambiare, ricordandosi più facilmente di noi.

Perciò non lasciarti più sfuggire simili occasioni. Questa semplice ma efficacissima tecnica ti dà l'opportunità di memorizzare finalmente tutti i nomi e i cognomi degli individui che conoscerai da qui in avanti, creandoti un solido network (e la fama di persona attenta e affidabile).

Basta seguire quattro regole:

1. *Ascolta il nome*: uno dei principali motivi per cui non ricordiamo i nomi è che non li ascoltiamo con attenzione. Se non siamo sicuri di aver capito bene, o non abbiamo proprio sentito, è più che lecito richiedere il nome: il nostro interlocutore sarà felice di sapere che *vogliamo* ricordarlo.

2. *Osserva la fisionomia* con cura alla ricerca di un particolare che spicca: il naso pronunciato, le orecchie un po' a sventola, delle cicatrici o fossette eccetera. Non prendere come riferimenti il colore dei capelli o gli occhiali oppure la barba, perché possono cambiare con il tempo, o anche da un giorno all'altro, ed essere quindi dettagli poco affidabili.

3. *Trasforma in immagini* il nome e il cognome: è consigliabile creare dei cliché per i nomi più comuni.

4. *Associa il nome al volto*: usa il particolare del viso che hai scelto e associalo all'immagine che hai elaborato per il volto.

Ecco un esempio: ti viene presentato Giacomo. Noti subito che ha un bel naso aquilino. Come ricordarti di lui? Per il nome Giacomo possiamo usare l'immagine di una GIACCA, che andiamo ad «appendere» sul NASO del nostro nuovo amico.

Una volta che ti sei impadronito della tecnica puoi arricchirla e creare «schedari personali» molto più elaborati, che comprendono tutti i dati che ti interessano, come indirizzi, date di nascita, numeri di telefono, ruoli e incarichi, relazioni personali eccetera.

Esempi di cliché mentali per i nomi propri

ALBERTO	Lupo Alberto, Albert Einstein
ALESSANDRO	Alì
ALESSIO	Lassie, Gigi D'Alessio
ANDREA	Croce di sant'Andrea

ANNA	Panna
ANTONIO	sant'Antonio, tonno
BARBARA	Bar, barbari
CHIARA	Faccia chiara, luce
CLAUDIO/A	Clown, clacson
CRISTINA	Crosticina, crostino
DANIELE/A	Il prosciutto di San Daniele
DAVIDE	Il *David* di Michelangelo
ELENA	Il cavallo di Troia
ELEONORA	Leonardo che si mangia una mora
FEDERICO/A	La fede, la federa
FRANCESCO/A	San Francesco, il saio
GIORGIO	Armani
GIOVANNI	Giove, Jovanotti
GIULIA	Julia Roberts
LAURA	La laurea, l'aura
LUCA	Lacca, lucchetto
LUIGI	Re Sole, l'amico di Super Mario
MARCO	La freccia di un arco
MARIO/A	Mare, Super Mario
MASSIMO	Il Circo Massimo, *Il gladiatore*
MATTEO	Matto, mattone
MICHELE	L'arcangelo Michele, le chele di un granchio
PAOLO/A	Pollo, palla
SERENA	Sirena
SILVIO/A	Salvia o Berlusconi
SIMONE/A	Limone, timone

Il ciclo dell'osservazione

L'osservazione è altrettanto utile quando dobbiamo memorizzare immagini, anziché concetti: un grafico, un dipinto, un disegno eccetera. Allenare e sviluppare una memoria, letteralmente, fotografica è un'arte, spesso sottovalutata, che potrebbe semplificare molte fasi del nostro lavoro, permettendoci di richiamare alla mente le immagini senza dover consultare fogli, libri o Internet. Quanto tempo risparmieremmo ogni volta? Senza contare la bella figura di fronte a colleghi e superiori, che di certo faticano a memorizzare.

Per memorizzare e imprimere le immagini al meglio basta seguire un semplice elenco di indicazioni che trasformeranno chiunque in un abile osservatore.

Le 7 regole d'oro

1. **Guar**dare: Avere una visione d'insieme.
2. **Di**videre: Dividere mentalmente con una croce l'immagine, a settori. È più semplice ricordare quattro piccole figure piuttosto che una grande.
3. **O**sservare: Prendere mentalmente nota di tutti i particolari in ogni settore.
4. **Chi**edere: Porsi domande attive su colore, posizione, importanza eccetera.
5. **Co**ntare: Contare i particolari che si ripetono.
6. **Ri**costruire: A occhi chiusi ricostruire mentalmente l'immagine.
7. **Ri**scontrare: Controllare che la ricostruzione sia esatta.

E congratularsi con se stessi per l'ottimo lavoro fatto.

Hai notato le lettere evidenziate? Se lette di seguito, compongono la frase «Guardo chi corre». Si tratta di un *acronimo*, cioè una frase di senso compiuto che serve come punto di riferimento per rievocare una serie di termini e concetti. Per esempio, «**co**me **qua**ndo **f**uori **pi**ove» è un promemoria per i semi delle carte: **c**uori, **qua**dri, **f**iori e **pi**cche.

Esempi di mappe mentali

Esame di Diritto romano
Esame di Psicologia sociale
Riunione
Organizzazione di un evento

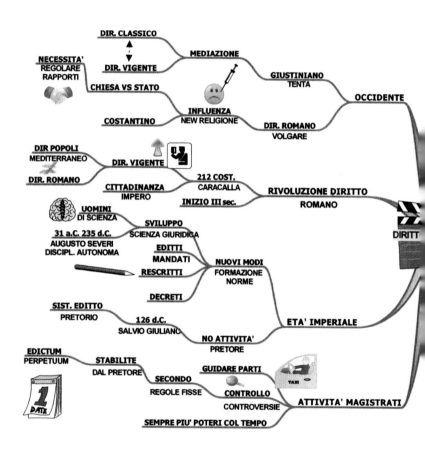

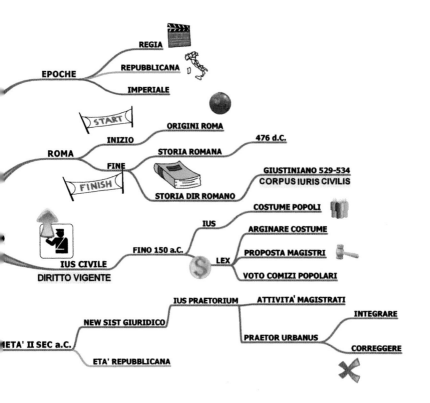

EPOCHE
- REGIA
- REPUBBLICANA
- IMPERIALE

ROMA
- INIZIO — START — ORIGINI ROMA
- FINE — STORIA ROMANA — 476 d.C.
- FINISH — STORIA DIR ROMANO — GIUSTINIANO 529-534 CORPUS IURIS CIVILIS

IUS CIVILE
DIRITTO VIGENTE — FINO 150 a.C.
- IUS
  - COSTUME POPOLI
  - ARGINARE COSTUME
- LEX
  - PROPOSTA MAGISTRI
  - VOTO COMIZI POPOLARI

META' II SEC a.C.
- NEW SIST GIURIDICO — IUS PRAETORIUM — ATTIVITA' MAGISTRATI
  - PRAETOR URBANUS
    - INTEGRARE
    - CORREGGERE
- ETA' REPUBBLICANA

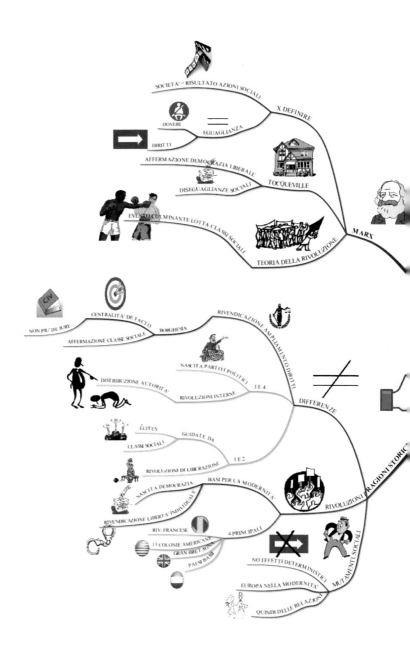

SOCIETA' = RISULTATO AZIONI SOCIALI

X DEFINIRE

DOVERI = EGUAGLIANZA

DIRITTI

AFFERMAZIONE DEMOCRAZIA LIBERALE

DISEGUAGLIANZE SOCIALI — TOCQUEVILLE

EVENTO CULMINANTE LOTTA CLASSI SOCIALI

TEORIA DELLA RIVOLUZIONE

MARX

CENTRALITA' DE FACTO — RIVENDICAZIONE AMPLIAMENTO DIRITTI

NON PIU' DE JURE

AFFERMAZIONE CLASSE SOCIALE — BORGHESIA

NASCITA PARTITI POLITICI

DISTRIBUZIONE AUTORITA'

RIVOLUZIONI INTERNE

3 E 4

DIFFERENZE

≠

ÉLITES

CLASSI SOCIALI — GUIDATE DA

1 E 2

RIVOLUZIONI DI LIBERAZIONE

NASCITA DEMOCRAZIA — BASI PER LA MODERNITA'

RIVENDICAZIONE LIBERTA' INDIVIDUALE

RIV. FRANCESE

13 COLONIE AMERICANE

GRAN BRETAGNA — 4 PRINCIPALI

PAESI BASSI

NO EFFETTI DETERMINISTICI

EUROPA NELLA MODERNITA'

QUINDI DELLE RELAZIONI

MUTAMENTI SOCIALI

RIVOLUZIONI/RAGIONI STORICHE

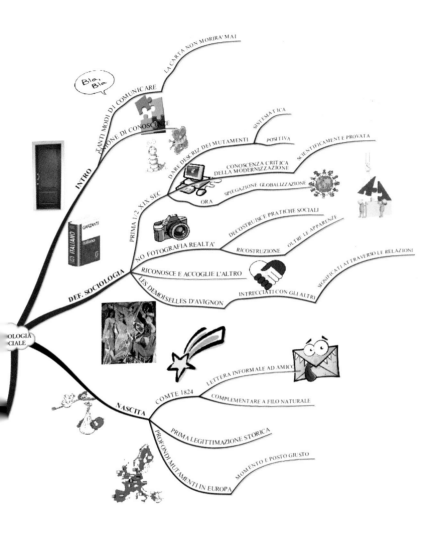

SOCIOLOGIA
SOCIALE

INTRO
- TANTI MODI DI COMUNICARE
  - LA CARTA NON MORIRA' MAI
- FUNZIONE DI CONOSCENZE
  - Bla! Bla!

DEF. SOCIOLOGIA
- DARE DESCRIZ DEI MUTAMENTI
  - CONOSCENZA CRITICA DELLA MODERNIZZAZIONE
    - SISTEMATICA
    - POSITIVA
    - SCIENTIFICAMENTE E PROVATA
  - SPIEGAZIONE GLOBALIZZAZIONE
- PRIMA 1/2 XIX SEC
  - ORA
- NO FOTOGRAFIA REALTA'
  - DECOSTRUISCE PRATICHE SOCIALI
  - RICOSTRUZIONE
    - OLTRE LE APPARENZE
- RICONOSCE E ACCOGLIE L'ALTRO
  - SIGNIFICATI ATTRAVERSO LE RELAZIONI
- LES DEMOISELLES D'AVIGNON
  - INTRECCIATI CON GLI ALTRI

NASCITA
- COMTE 1824
  - LETTERA INFORMALE AD AMICO
  - COMPLEMENTARE A FILO NATURALE
- PRIMA LEGITTIMAZIONE STORICA
- PROFONDI MUTAMENTI IN EUROPA
  - MOMENTO E POSTO GIUSTO

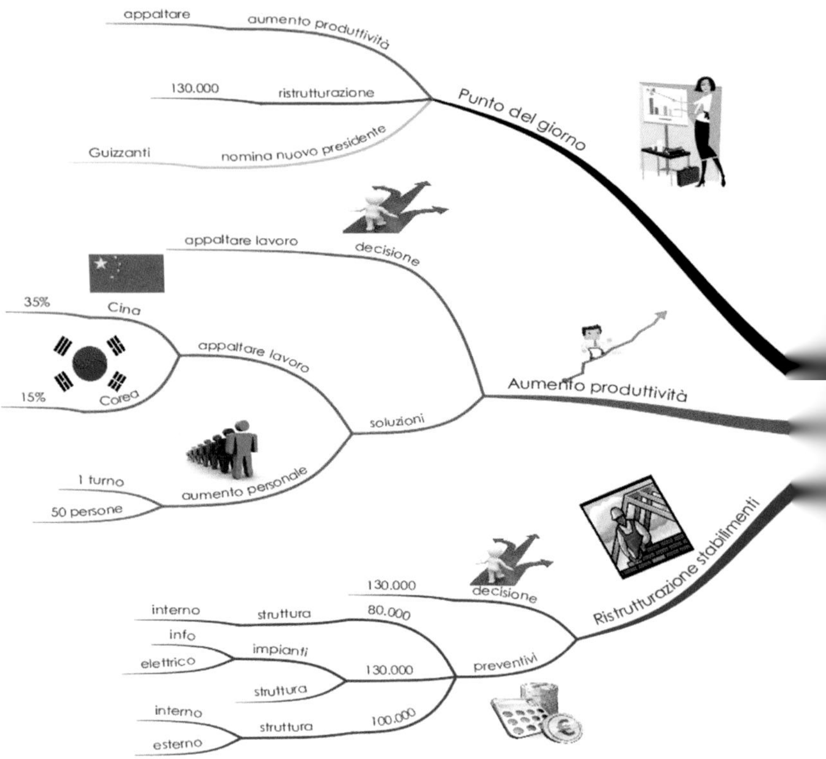
Punto del giorno
aumento produttività
appaltare
ristrutturazione
130.000
nomina nuovo presidente
Guizzanti
Aumento produttività
decisione
appaltare lavoro
soluzioni
appaltare lavoro
Cina
35%
Corea
15%
aumento personale
1 turno
50 persone
Ristrutturazione stabilimenti
decisione
130.000
preventivi
80.000
struttura
interno
130.000
impianti
info
elettrico
struttura
100.000
struttura
interno
esterno

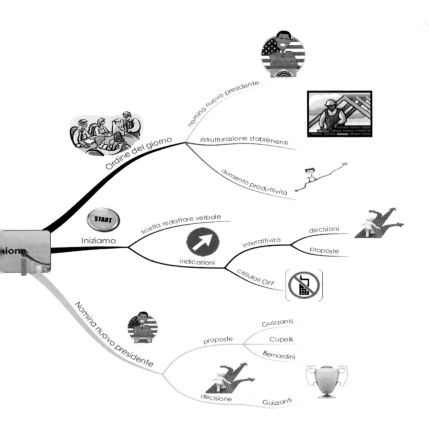

...ione

Ordine del giorno
- nomina nuovo presidente
- ristrutturazione stabilimenti
- aumento produttività

Iniziamo
- START
- scelta redattore verbale
- indicazioni
  - interattività
    - decisioni
    - proposte
  - cellulari OFF

Nomina nuovo presidente
- proposte
  - Guizzanti
  - Cupelli
  - Bernardini
- decisione
  - Guizzanti

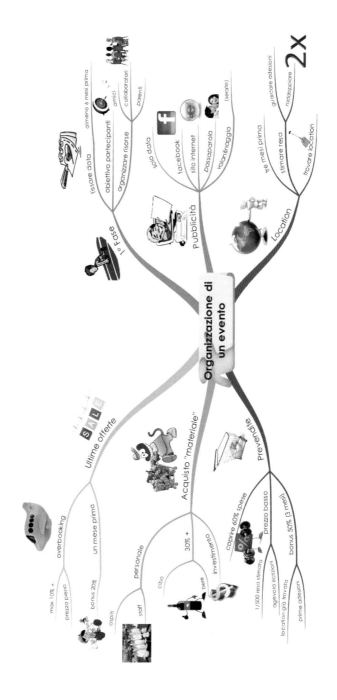

Organizzazione di un evento

1° Fase
- fissare data — almeno 6 mesi prima
- obiettivo partecipanti
- organizzare risorse — amici — collaboratori — parenti

Pubblicità
- solo data
- facebook
- sito internet
- passaparola — volantinaggio (serate)

Location
- tre mesi prima
- stimare resa — guadare adesioni — raddoppiare — 2x
- trovare location

Ultime offerte — SALE
- overbooking — max 10% + — prezzo pieno
- un mese prima — bonus 20%

Acquisto "materiale"
- Personale — ospiti — staff
- cibo
- 30% + — bere
- investimento

Preventale
- coprire 60% spese
- prezzo basso
- bonus 50% (3 mesi)
- 1/500 resa stimata
- agevola iscrizioni
- location già trovata
- prime adesioni

12

Costruisci la memoria con Leibniz

Cos'è la conversione fonetica
Come costruire uno schedario mentale

Dall'alfabeto ai numeri

L'apprendimento riguarda moltissimi tipi diversi di informazioni; alcune di esse sono più concrete e semplici da ricordare, altre, come i numeri, sono più astratte e complesse da fissare nella mente. IBAN, numeri di telefono, date, appuntamenti, orari, partita IVA, codici: quanti sono i numeri intorno a cui ruota la nostra vita? Quotidianamente dobbiamo ricordarci una serie infinita di cifre, che prima o poi inevitabilmente si confondono tra loro. Perdiamo il cellulare e siamo tagliati fuori dal mondo, infiliamo il bancomat e non ricordiamo il PIN, oppure ci scordiamo il nostro anniversario di nozze. La soluzione a questa pioggia di informazioni risale a più di tre secoli fa e la dobbiamo a Leibniz, filosofo e matematico tedesco che, come abbiamo visto, si è dedicato allo studio della memoria. La conversione fonetica è un metodo che permette di affrontare con estrema semplicità la memorizzazione di qualsiasi dato numerico, grazie all'associazione tra i numeri di base da 0 a 9 e i suoni della nostra lingua, secondo la tabella alla pagina seguente:

0. (suono sibilante) = S, Z, SC osso, zio, sci
1. (suono dentale) = T, D tè, Dio, etto
2. (suono nasale) = N, GN Noè, gnu, neo
3. (suono nasale-mugolante) = M amo, miao, mio
4. (suono vibrante) = R e, eroe, oro
5. (suono liquido) = L, GL Leo, olio, aglio
6. (suono palatale, o dolce) = C, G ciao, cioè, oggi
7. (suono gutturale, o duro) = C(H), G(H) oca, ago, occhio
8. (suono continuo labiodentale) = F, V ufo, uva, via, afa
9. (suono labiale) = P, B boa, bua, ape

È importante considerare sempre e solo i suoni (cioè il suono che la lettera produce) e non le lettere. Per esempio, il numero 1 non è collegato alle lettere T e D, ma ai suoni fonetici dentali T e D, allo stesso modo lo 0 non sarà ESSE, ZETA, ESSE-CI, ma S, Z, SC.

Attraverso questa tecnica si facilita il ricordo di qualsiasi informazione numerica, quindi astratta, come viene mostrato dettagliatamente nelle pagine successive. Prima però, è basilare capire al meglio il funzionamento dei suoni.

Regole di conversione

1. Vocali

La prima informazione fondamentale è che all'interno di una parola le vocali non vengono prese in considerazione; per esempio, se si dovesse convertire attraverso i suoni la parola DIVANO, il numero corrispondente sarebbe 182 (D = 1, V = 8, N = 2).

2. Doppie

Se ti trovi di fronte a un termine con una doppia consonante (CARRO) ricorda che ciò che conta è il suono fonetico. Nelle doppie il suono non cambia, viene semplicemente prolungato, quindi si converte con un'unica cifra.

In CARO e CARRO la lingua vibra sul palato, in entrambi i casi, solo una volta.

Esempio: 7 4   7 4
          CARO   CARRO

3. Gruppo GL

In AGLIO e IGLOO ritroviamo lo stesso gruppo GL, ma nel primo caso il suono è liquido, nel secondo si distinguono nettamente i suoni G (duro) e L.

Esempio: 5   75
          AGLIO   IGLOO

4. Gruppo SC

In PESCE e PESCA ritroviamo lo stesso gruppo SC, ma nel primo caso il suono è sibilante, nel secondo si distinguono nettamente i suoni S (sibilante) e C (gutturale); anche in questa situazione quindi si deve prestare attenzione alla pronuncia della parola.

Esempio: 9 0   9 07
          PESCE   PESCA

5. Lettera X

La lettera X non è contemplata nella tabella, poiché nasce dall'associazione di due suoni: C (dura) e S. Avremo cioè 70 (ICS = 70).

Esempio: 1 70   3 70 4
          TAXI   MIXER

6. Altre particolarità

Come in tutti gli altri casi, anche per la J devi considerare solo la pronuncia. Nella parola JUVENTUS, la lettera J si pronuncia come la vocale I, quindi non verrà convertita. Nel caso invece del termine JOLLY, la stessa lettera si pronuncerà come una G dolce (suono palatale) quindi verrà convertita con il numero 6.

Esempio: 8 21 0   6 5
              JUVENTUS   JOLLY

Attenzione anche alla pronuncia della lettera Q, che è uguale alla C dura.

Esempio: 7   1 4
              QUADRO

7. Lingue straniere

Qui la pronuncia è cruciale. Per esempio, nelle parole KNIFE o LISTEN la pronuncia corretta è «NAIF» e «LISSEN», cioè la K e la T non si sentono.

Esempio: 2 8   5 0 2
              KNIFE   LISTEN

Esercizio 1

Per acquisire dimestichezza con la conversione fonetica e applicarla rapidamente, c'è solo un modo: esercitarsi con i suoni.

Leggi il brano seguente e scrivi sopra a ogni suono significativo il numero corrispondente (ricordati che le vocali non si contano e le doppie vengono contate una sola volta).

Quel ramo del lago di Como, che volge a mezzogiorno, tra due catene non interrotte di monti, tutto a seni e a golfi, a seconda dello sporgere e del rientrare di quelli, vien, quasi a un tratto, a ristringersi, e a prender corso e figura di fiume, tra un promontorio a destra, e un'ampia costiera dall'altra parte; e il ponte, che ivi congiunge le due rive, par che renda ancor più sensibile all'occhio questa trasformazione, e segni il punto in cui il lago cessa, e l'Adda rincomincia, per ripigliar poi nome di lago dove le rive, allontanandosi di nuovo, lascian l'acqua distendersi e rallentarsi in nuovi golfi e in nuovi seni. La costiera, formata dal deposito di tre grossi torrenti, scende appoggiata a due monti contigui, l'uno detto di san Martino, l'altro, con voce lombarda, il *Resegone*, dai molti suoi cocuzzoli in fila, che in vero lo fanno somigliare a una sega: talché non è chi, al primo vederlo, purché sia di fronte, come per esempio di su le mura di Milano che guardano a settentrione, non lo discerna tosto, a un tal contrassegno, in quella lunga e vasta giogaia, dagli altri monti di nome più oscuro e di forma più comune. Per un buon pezzo, la costa sale con un pendìo lento e continuo; poi si rompe in poggi e in valloncelli, in erte e in ispianate, secondo l'ossatura de' due monti, e il lavoro dell'acque. Il lembo estremo, tagliato dalle foci de' torrenti, è quasi tutto ghiaia e ciottoloni; il resto, campi e vigne, sparse di terre, di ville, di casali; in qualche parte boschi, che si prolungano su per la montagna. Lecco, la principale di quelle terre, e che dà nome al territorio, giace poco discosto dal ponte, alla riva del lago, anzi viene in parte a trovarsi nel lago stesso, quando questo ingrossa: un gran borgo al giorno d'oggi, e che s'incammina a diventar città. Ai tempi in cui accaddero i fatti che prendiamo a raccontare, quel borgo, già considerabile, era anche un castello, e aveva perciò l'onore d'alloggiare un comandante, e il vantaggio di possedere una stabile guarnigione di soldati spagnoli, che insegnavan la modestia alle fanciulle e alle donne del paese, accarezzavan di tempo in tempo le spalle a qualche marito, a qualche padre; e, sul finir dell'estate, non mancavan mai di spandersi nelle vigne, per diradar l'uve, e alleggerire a' contadini le fatiche della vendemmia. Dall'una all'altra di quelle terre, dall'alture alla riva, da un poggio all'altro, correvano, e corrono tuttavia, strade e stradette, più o men ripide, o piane; ogni tanto affondate, sepolte tra due muri, donde, alzando lo sguardo, non iscoprite che un pezzo di cielo e qualche vetta di monte; ogni tanto elevate su terrapieni aperti: e da qui la vista spazia per prospetti più o meno estesi, ma ricchi sempre e sempre qualcosa nuovi, secondo che i diversi punti piglian più o meno della vasta scena circostante, e secondo che questa o quella parte campeggia o si scorcia, spunta o sparisce a vicenda. Dove un pezzo, dove un altro, dove una lunga distesa di quel vasto e variato specchio dell'acqua; di qua lago, chiuso all'estremità o piùttosto smarrito in un gruppo, in un andirivieni di montagne, e di mano in mano più allargato tra altri monti che si spiegano, a uno a uno, allo sguardo, e che l'acqua riflette capovolti, co' paesetti posti sulle rive; di là braccio di fiume, poi lago, poi fiume ancora, che va a perdersi in lucido serpeggiamento pur tra' monti che l'accompagnano, degradando via via, e perdendosi quasi anch'essi nell'orizzonte. Il luogo stesso da dove contemplate que' vari spettacoli, vi fa spettacolo da ogni parte: il monte di cui passeggiate le falde, vi svolge, al di sopra, d'intorno, le sue cime e le balze, distinte, rilevate, mutabili quasi a ogni passo, aprendosi e contornandosi in gioghi ciò che v'era sembrato prima un sol giogo, e comparendo in vetta ciò che poco innanzi vi si rappresentava sulla costa...

Esercizio 2

Il secondo esercizio consiste nello scrivere almeno cinque possibili conversioni per ognuno dei seguenti numeri:

842 _____ _____ _____ _____ _____
015 _____ _____ _____ _____ _____
121 _____ _____ _____ _____ _____
315 _____ _____ _____ _____ _____
952 _____ _____ _____ _____ _____
1414 _____ _____ _____ _____ _____

Lo schedario mentale

Ti ricordi quando abbiamo paragonato la memoria a un vocabolario? Se è in ordine alfabetico è facile da consultare, altrimenti è uno strumento pressoché inutile. Prendiamo un altro esempio:

immagina di entrare in una soffitta piena di libri accatastati senza un ordine preciso. Riesci a trovare il testo che stai cercando in quella montagna di volumi disposti senza una logica? L'unica possibilità è di controllare a uno a uno tutti i libri sparsi. Diversa invece è la situazione quando entri in una biblioteca con tutti i testi catalogati e disposti sugli scaffali in ordine di titolo o di autore. Chiaramente la tua ricerca è molto semplice.

Purtroppo abbiamo già visto che nella vita di tutti i giorni le informazioni vengono disposte all'interno della memoria senza un ordine preciso. Il processo di recupero è contorto e difficoltoso, capita spesso di non essere in grado di richiamare i dati al momento opportuno. Se invece potessimo riporre le informazioni in un ordine prestabilito sarebbe molto più facile e soprattutto più rapido richiamare ciò di cui abbiamo bisogno.

È qui che interviene la tecnica dello schedario mentale, che permette di memorizzare e catalogare le informazioni secondo un ordine preciso. La nostra mente diventa una sorta di biblioteca ordinata, in cui le informazioni sono riposte in modo chiaro e prevedibile. Ma di cosa si tratta esattamente?

Il divulgatore della tecnica è sempre Leibniz, che ha creato cento schede a cui collegare le informazioni da memorizzare, in modo che abbiano un preciso ordine numerico. Considerando che i numeri sono informazioni astratte, le schede permettono di associare a ogni singolo numero una parola concreta e quindi un'immagine facilmente visualizzabile. Ovviamente, per arrivare a questo risultato il metodo migliore è la conversione fonetica, sempre secondo la solita tabella di conversione. Il numero 1 è, come sappiamo, convertito nei suoni T e D, quindi la parola da associare deve comprendere questi suoni, per esempio tè, Dio, etto, ateo, ode eccetera. Tra le opzioni è meglio scegliere quella più facile da visualizzare (nel caso specifico TÈ). Per un numero di due cifre, usiamo i suoni di entrambi i numeri per comporre la parola; per esempio: 34 diventa 3 = M, 4 = R, quindi la parola è MuRo.

Ecco un esempio di schedario già impostato con tutte le cento schede.

1 TÈ	21 NIDO	41 RETE	61 CITTÀ	81 FOTO
2 NOÈ	22 NONNO	42 RANA	62 CENA	82 VINO
3 AMO	23 GNOMO	43 RAMO	63 CIMA	83 FIAMMA
4 RE	24 NERO	44 ORRORE	64 CERO	84 FARO
5 LEO	25 ANELLO	45 RULLO	65 UCCELLO	85 VELA
6 CIAO	26 NOCE	46 ROCCIA	66 CIUCCIO	86 FACCIA
7 OCA	27 NUCA	47 RIGA	67 CICCA	87 FOCA
8 UFO	28 NAVE	48 RIVA	68 CIUFFO	88 FAVE
9 BOA	29 NUBE	49 ARPA	69 CIP E CIOP	89 FIBBIA
10 TAZZA	30 MAZZA	50 LASSIE	70 CASA	90 POZZO
11 TETTI	31 MOTO	51 LETTO	71 CHIODO	91 BOTTE
12 DONNA	32 MANO	52 LUNA	72 CANE	92 PANE
13 DAMA	33 MAMMA	53 LAMA	73 GOMMA	93 PIUMA
14 TORO	34 MURO	54 LARA	74 CARRO	94 BIRRA
15 TELA	35 MELA	55 LILLI	75 COLLA	95 PALLA
16 DOCCIA	36 MICIO	56 LACCIO	76 CUCCIA	96 BACIO
17 TACCO	37 MUCCA	57 LACCA	77 COCCO	97 PACCO
18 TUFFO	38 MUFFA	58 LAVA	78 CHIAVE	98 PUFFO
19 TOPO	39 MAPPA	59 LUPO	79 COPPA	99 PIPA
20 NASO	40 ROSA	60 GESSO	80 VASO	100 DISCESA

La perfetta conoscenza delle schede permette di memorizzare secondo un ordine prestabilito ogni tipo di elenco, classificazione, data, articolo di codice o qualsiasi altro elemento che contenga informazioni numeriche.

Storie buffe per imparare lo schedario

Ma come si utilizzano? Facciamo un esempio e proviamo a imparare un semplice elenco di parole.

1. COCCODRILLO
2. PASTA
3. MILITARE
4. FIAMMA
5. PANNOLINO
6. BRETELLE
7. VIDEOGAME
8. BRESAOLA
9. CHITARRA
10. DISCOTECA

Per farlo, ricorriamo alla tecnica del PAV (*vedi* pag. 93) associando tra loro l'immagine della scheda con l'immagine della parola da ricordare.

1. I suoni fonetici del numero 1 sono T e D, quindi, come si è visto, la scheda è TÈ; alla scheda TÈ si è deciso di associare la parola COCCODRILLO. Si potrebbe quindi immaginare di bere un TÈ dal quale uscirà un COCCODRILLO.
2. I suoni fonetici del numero 2 sono N e GN, quindi la scheda è NOÈ; alla scheda NOÈ si è deciso di associare la parola PASTA. Immaginiamo NOÈ che sta facendo salire gli animali sull'arca. Per convincerli offre a ognuno un buonissimo piatto di PASTA al pesto che gli animali spargono da tutte le parti sporcando le pareti dell'arca.
3. Il suono fonetico abbinato al numero 3 è M, quindi la scheda è AMO; alla scheda AMO si è deciso di associare la parola MILITARE. Si potrebbe immaginare di pescare in un lago e dopo aver portato la canna dietro le spalle per lanciare l'AMO, al momento del tiro sentiamo che è rimasto impigliato in qualcosa: abbiamo preso all'AMO il labbro di un MILITARE.
4. Il suono fonetico abbinato al numero 4 è R, quindi la scheda è RE; alla scheda RE si è deciso di associare la parola FIAMMA. Immaginiamo di giocare a carte, all'improvviso il RE della carta esce dall'immagine e inizia a scappare perché dietro di lui c'è una potentissima FIAMMA che tenta di bruciarlo.

5. I suoni fonetici del numero 5 sono L e GL, quindi la scheda è LEO (leone, in latino); alla scheda LEO si è deciso di associare la parola PANNOLINO. Potremmo visualizzare un LEOne che vaga per la foresta e viene irriso da tutti gli altri animali poiché è uscito senza togliersi il PANNOLINO che indossa durante la notte.

6. I suoni fonetici del numero 6 sono C e G, quindi la scheda è CIAO; alla scheda CIAO si è deciso di associare la parola BRE-TELLE. Potremmo quindi immaginare di essere alla stazione e di salutare gli amici facendo CIAO con la mano; poi però loro iniziano a correre dietro al nostro treno in partenza perché le BRETELLE sono rimaste impigliate alle porte e non riescono a staccarsi.

7. I suoni fonetici del numero 7 sono C(H) e G(H), quindi la scheda è OCA; alla scheda OCA si è deciso di associare la parola VIDEOGAME. Siamo andati al parco per dare da mangiare alle oche. Dopo aver buttato i pezzetti di pane a terra veniamo subito circondati, ma un'OCA resta in disparte e ignora il cibo. Ci avviciniamo e scopriamo che quest'OCA in realtà sta giocando con un bellissimo VIDEOGAME pieno di luci e colori.

8. I suoni fonetici del numero 8 sono F e V, quindi la scheda è UFO; alla scheda UFO si è deciso di associare la parola BRE-SAOLA. Si immagini un UFO che sorvola la città e ha l'insolita forma di una bella fetta di BRESAOLA.

9. I suoni fonetici del numero 9 sono P e B, quindi la scheda è BOA; alla scheda BOA si è deciso di associare la parola CHI-TARRA. Pensiamo a un BOA che ha deciso di mostrare le sue capacità canore, così organizza un concerto con tutti gli animali e inizia a suonare la CHITARRA con la punta della coda. Ovviamente è negato e fa una figuraccia, ma si sente comunque un grande interprete e alla fine spacca la chitarra contro un ramo come in un concerto rock.

10. I suoni fonetici del numero 10 sono T e Z, quindi la scheda è TAZZA; alla scheda TAZZA si è deciso di associare la parola DISCOTECA. Immaginiamo di essere sul punto di bere da una

TAZZA quando dal suo interno inizia a uscire della musica. Sbirciando dentro, vediamo una vera e propria DISCOTECA dove centinaia di persone ballano sommerse dalla nostra bevanda.

Esercizio

Prima di usare lo schedario, bisogna memorizzarlo tutto. Un esercizio un po' noioso, ma una volta compiuto, questo piccolo sacrificio ti semplificherà sia la fase di deposito sia quella di richiamo. Non sei obbligato a seguire il nostro: se preferisci puoi sostituire le schede, ma ricordati di rispettare la conversione fonetica (per esempio la scheda numero 9 potrebbe essere, oltre che BOA, anche APE).

Una volta memorizzato il tuo schedario, mettilo alla prova con un elenco. Nel capitolo abbiamo lavorato con le schede da 1 a 10; adesso prova a lavorare con dieci parole collegate alle schede da 11 a 20. Il metodo è sempre lo stesso: inventati storie PAV.

11. BICICLETTA - TETTI
12. VERMI - DONNA
13. PESCE - DAMA
14. GIOCATTOLO - TORO
15. MAIONESE - TELA
16. BORSA - DOCCIA
17. AQUILONE - TACCO
18. AQUILA - TUFFO
19. MACCHINA - TOPO
20. MONGOLFIERA - NASO

Ci sei riuscito? Complimenti! In caso contrario prova a leggere come ce la siamo cavata noi.

11. BICICLETTA
Siamo fermi nel traffico, allora decidiamo di correre sui TETTI e per fare prima prendiamo una BICICLETTA con la quale iniziamo a fare una serie di acrobazie in aria. Siamo talmente bravi che i passanti sotto ci applaudono.

12. VERMI

C'è una DONNA che urla e si agita perché i suoi capelli si sono trasformati in enormi VERMI che la mordono da tutte le parti.

13. PESCE

Le pedine della DAMA sono a forma di PESCE; quando ne mangiamo una nel gioco, ci tocca mangiare uno vero, vivo, crudo e puzzolente.

14. GIOCATTOLO

Siamo nell'arena. Dobbiamo combattere il TORO ma lui non si muove perché si trastulla con un bellissimo GIOCATTOLO. Anzi, è talmente coinvolto che ha dimenticato la corrida.

15. MAIONESE

Cerchiamo di disegnare su una TELA ma è impossibile perché è completamente ricoperta di MAIONESE!

16. BORSA

Siamo sotto la DOCCIA. Apriamo l'acqua e come per magia iniziano a scendere minuscole BORSE firmate. Le prendiamo e le regaliamo a tutte le ragazze del mondo.

17. AQUILONE

Siamo in spiaggia e stiamo camminando con i TACCHI quando a un tratto restiamo impigliati in qualcosa che ci solleva. Ci giriamo per capire cos'è accaduto e vediamo che il nostro TACCO è incastrato in un enorme AQUILONE che ci porta sempre più in alto.

18. AQUILA

Stiamo facendo un TUFFO da una scogliera altissima. Saltiamo nel vuoto ma non tocchiamo l'acqua. Un'enorme AQUILA dorata ci ha catturato e ci porta in giro per i cieli.

19. MACCHINA

C'è un TOPO che corre velocissimo. Non riusciamo mai a prenderlo e alla fine capiamo che in realtà lui usa un trucco: gira con una MACCHINA minuscola e bellissima con la quale rimorchia anche le topoline.

20. MONGOLFIERA

Ci soffiamo il NASO ma non esce niente. Iniziamo a soffiare sempre più forte fino al momento in cui dal naso esce un'enorme MON-GOLFIERA che ci impediva di respirare.

13

Dai i numeri

Come memorizzare i numeri
Date, articoli e formule: semplici trucchi per ricordarli

Il ciclo dei numeri

Come abbiamo già detto nel capitolo precedente, ogni giorno dobbiamo memorizzare parecchie informazioni numeriche. I suoni fonetici e lo schedario mentale sono uno strumento molto efficace per ricordare questo tipo di dati.

Prendiamo per esempio il numero 142. I suoni fonetici sono:

1 = T o D
4 = R
2 = N o GN

Non ci resta che trovare una parola composta da questi suoni: treno, terno, Torino, torrone, tiranno eccetera.

E in caso di numeri più lunghi, come quelli del telefono o i codici di accesso? Il trucco è scomporre il numero e ricorre al PAV. Vediamo come.

Se tu dovessi memorizzare il seguente numero di venti cifre 12783723743545672547, dovresti eseguire tre passaggi:

1. *Dividi il numero in coppie di cifre* in modo da poter utilizzare le immagini dello schedario mentale.

2. *Associa le immagini dello schedario con il PAV,* usando la creatività.

3. *Chiudi gli occhi e visualizza* rendendo più vividi possibile i dettagli dell'associazione.

Il numero 12783723743545672547 andrebbe memorizzato in questo modo:

1. 12 – 78 – 37 – 23 – 74 – 35 – 45 – 67 – 25 – 47
   12 : DONNA
   78 : CHIAVE
   37 : MUCCA
   23 : GNOMO
   74 : CARRO
   35 : MELA
   45 : RULLO
   67 : CICCA
   25 : ANELLO
   47 : RIGA

2. Puoi immaginare una DONNA che usa una CHIAVE per far partire una MUCCA elettrica che incorna uno GNOMO, che finisce dentro un CARRO che stava trasportando delle MELE. Da una mela esce un RULLO, che spegne una CICCA sulla quale sono infilati degli ANELLI, che invece di essere d'oro sono formati da tante piccole RIGHE.

3. Chiudi gli occhi e visualizza.

Certo, raramente saremo chiamati a memorizzare numeri così lunghi. Eppure questa abilità ha una certa importanza per due ragioni. Innanzitutto allena la memoria e quindi aiuta a ricordare le date storiche, gli articoli del Codice e le formule. In secondo luogo, ci dà una misura delle capacità che abbiamo acquisito grazie alle nuove tecniche. Se con il classico metodo «leggi e ripeti» per ricordare un numero di venti cifre avremmo impiegato una decina di minuti, con le strategie di apprendimento avanzato arriviamo a risparmiare tranquillamente il 90 per cento del tempo!

Esercizio

Dopo aver visto come memorizzare un numero con lo schedario mentale, ora prova a memorizzare questo nuovo numero da venti cifre:

33764938563297129072

1. Dividi il numero in coppie di cifre.
   Come faresti?

_____

_____

_____

_____

_____

Suggerimento: 33 (MAMMA) – 76 (CUCCIA) – 49 (RAPA) – 38 (MUFFA) – 56 (LACCIO) – 32 (MANO) – 97 (PACCO) – 12 (DONNA) – 90 (PIZZA) – 72 (CANE)

2. Associa le immagini dello schedario con il PAV.
   Crea una associazione con le immagini che hai scelto:

_____

_____

_____

_____

_____

Suggerimento: c'è la nostra MAMMA che sta costruendo una CUCCIA per un'enorme RAPA tutta ricoperta di MUFFA e di LACCI. Dai lacci esce una MANO che finisce in un PACCO dove c'è una DONNA che cade in un POZZO pieno di CANI.

3. Chiudi gli occhi e visualizza.

Prova ancora da solo:

19364688542901672348

Suggerimento: c'è un TOPO che insegue un MICIO che va a sbattere contra una ROCCIA che si spacca in due facendo uscire delle FAVE. Dal mucchio di fave che si forma esce LARA (Croft) che salta su una NUBE dalla quale piove del TÈ che cadendo spegne una CICCA. Regaliamo la cicca a un piccolo GNOMO che, terrorizzato, corre sulla RIVA di un fiume.

Le date

Dopo aver memorizzato numeri di molte cifre, una semplice data non ci spaventa. E oltre al giorno in sé, possiamo associare tantissime altre informazioni (luoghi, eventi o persone). Prendiamo come esempio le date storiche, ma ovviamente lo stesso ragionamento e metodo può essere applicato ad appuntamenti, anniversari o a qualunque altra data vogliamo fissarci in mente una volta per tutte.

La tecnica da applicare è suddivisa nei seguenti quattro passaggi:

1. *Crea un'immagine* per il personaggio o per l'evento da ricordare.
2. *Utilizza le schede o la conversione fonetica* per trasformare i numeri della data in immagini.
3. *Associa le immagini tra loro con il PAV* usando la creatività.
4. *Chiudi gli occhi e visualizza* rendendo vividi i dettagli.

Vediamo qualche esempio.

1895 = Prima proiezione cinematografica fatta dai fratelli Lumière.

1. Proiezione al cinema dei fratelli Lumière: gli spettatori al CINEMA hanno tutti in mano dei LUMINI.

2. 1895
   18: TUFFO
   95: PALLA

3. In un CINEMA tutti gli spettatori hanno in mano dei LUMINI (fratelli Lumière), quando sullo schermo appare un tizio che si TUFFA (18) in una vasca piena di PALLE (95).

1785 = Nascita di Manzoni

È sufficiente visualizzare Manzoni che nasce sotto un CAVOLO (7=C, 8=V, 5=L), oppure che è nato senza le CAVIGLIE, o da un CAVALLO.

In questo caso è stata omessa la prima cifra, perché è ovvio che Manzoni è nato nel 1785 e non nel 785. È bello poter ricordare molte informazioni, ma non ha senso memorizzare dettagli inutili!

1914 = Inizio della Prima guerra mondiale

Nella Prima guerra mondiale i soldati non erano dei veri soldati ma erano tutti PITTORI (9=P, 1=T, 4=R) famosi: c'erano Picasso, Monet, Van Gogh…

7 ottobre = Compleanno di Laura

La mia amica Laura, appena nata, viene presa in braccio da un'OCA (7) che la porta subito a fare un giro su un OTTOVOLANTE (ottobre).

Esercizio

Dopo aver visto alcuni esempi di memorizzazione di date, proviamo ora insieme.

1880 = Thomas Edison brevetta la lampadina

1. *Crea un'immagine.*
   Come faresti?

   _____

   _____

   _____

   _____

   _____

   Suggerimento: l'immagine della lampadina.

2. *Utilizza le schede o la conversione fonetica.*
   Come faresti?

   _____

   _____

   _____

   _____

   _____

   Suggerimento: 18 – TUFFO e 80 – VASO.

3. *Associa le immagini con il PAV.*
   Crea un'associazione con le immagini che hai scelto:

   _____

   _____

   _____

   _____

   _____

   Suggerimento: per scoprire la LAMPADINA, EDISON fu disposto a fare un TUFFO da dieci metri dentro un VASO!

Chiudi gli occhi e visualizza.

Prova ancora da solo.

1760 = Rivoluzione industriale in Inghilterra.

Suggerimento: visualizza delle FABBRICHE viventi con braccia e gambe che hanno in mano fiaccole e forconi e che sono pronte per fare la RIVOLUZIONE; ti accorgi che ai piedi hanno delle scarpe con i TACCHI, cadono e si rompono una gamba e vengono subito portate in ospedale per mettere il GESSO.

Gli articoli del Codice

Molti professionisti sono quotidianamente a contatto con le norme del diritto, che devono ricordare e citare con esattezza: non solo avvocati, ma anche economisti, commercialisti, specialisti nel settore fiscale, perfino medici, geometri e ingegneri. Come districarsi in mezzo alla profusione di articoli senza confondersi? Applicando il PAV e la visualizzazione, anche questa materia diventa veloce e divertente da imparare.

La prima domanda è: che cosa dobbiamo memorizzare esattamente? Le informazioni più importanti sono il numero dell'articolo e il titolo. Una volta trovate queste informazioni il processo da seguire è estremamente semplice:

1. *Trova immagini concrete* per il numero e per il titolo dell'articolo.
2. *Associa le immagini con il PAV* usando la creatività.
3. *Chiudi gli occhi e visualizza* ponendo l'attenzione su più dettagli possibili.

Vediamo insieme qualche esempio.

Art. 2082 del Codice civile = imprenditore

Per diventare un grande IMPRENDITORE è necessario avere il NASO (20) FINO (82) per gli affari, quindi si potrebbe immaginare un famosissimo imprenditore con un lunghissimo naso aquilino.

Art. 2135 del Codice civile = imprenditore agricolo

Un contadino (IMPRENDITORE AGRICOLO) nasce NUDO (21) in mezzo a un cesto di MELE (35).

Come si può notare da questi due esempi, anche se i due articoli trattano lo stesso argomento, è impossibile confondersi associandoli a immagini così diverse.

E se volessimo mandare a memoria anche il contenuto dell'articolo? Per farlo bisognerà semplicemente seguire questa strategia:

1. *Scegli le parole chiave* che è necessario ricordare all'interno dell'articolo.
2. *Trova immagini concrete* per le parole scelte.
3. *Associa le immagini con il PAV* usando la creatività.
4. *Chiudi gli occhi e visualizza* cercando di rendere più vividi possibile i dettagli.

Ecco qualche esempio.

Art. 15 della Costituzione
La libertà e la segretezza della corrispondenza e di ogni altra forma di comunicazione sono inviolabili.
La loro limitazione può avvenire soltanto per atto motivato dell'Autorità giudiziaria con le garanzie stabilite dalla legge.

Su una TELA (15) sono disegnate delle COSTINE (Costituzione) che vengono mangiate da una LETTERA (corrispondenza) con le ali da LIBELLULA (libertà) e gli occhiali da SEGRETARIA (segretezza). La colpisci con una LIMA (limitazione) ma la busta scappa su una MOTO (atto motivato) e investe un GIUDICE (Autorità giudiziaria) che stava facendo una GARA (garanzia) con un LEGGIO (legge).

Art. 17 del Codice penale = pene principali

Le pene principali stabilite per i delitti sono:
1. *La morte;**
2. *L'ergastolo;*
3. *La reclusione;*
4. *La multa.*
   Le pene principali stabilite per le contravvenzioni sono:
1. *L'arresto;*
2. *L'ammenda.*

Prendi un TACCO (17) e lo scagli contro il PENE DEL PRINCIPE (pene principali) che si sdraia sul LETTO (delitti). Sul letto però c'era la MORTE che al posto della falce brandisce una VERGA (ergastolo), con la quale schiaccia il tasto REC (reclusione) di un registratore da cui esce una MULA (multa). Il principe quindi scappa urlando ma corre così veloce che gli viene fatta la CONTRAVVENZIONE e per punizione deve mangiare un intero ARROSTO (arresto) e RAMMENDARE (ammenda) tutte le calze dei secondini.

* La pena di morte è stata soppressa e sostituita con l'ergastolo.

Memorizzare senza confondersi

Finora abbiamo detto che l'immagine scelta per la memorizzazione non deve corrispondere in modo letterale alla parte di parola cui si riferisce. Nel caso specifico del diritto, però, ci sono alcuni articoli per i quali la precisione risulta determinante per non confondersi. Vediamo un esempio.

Art. 149 del Codice civile = scioglimento del matrimonio. Potrebbe venire subito in mente l'immagine di due sposi che litigano, due cuori che si spezzano, una donna vestita da sposa che esce dalla stanza sbattendo la porta o altre immagini simili. Purtroppo, tutte potrebbero richiamare anche il concetto di divorzio, separazione, annullamento e non necessariamente scioglimento del matrimonio. Bisogna quindi essere molto più precisi: si può, per esempio, prendere la statuina che raffigura i due sposi sopra alla torta nuziale e scioglierla con un accendino, oppure (ed è molto PAV!) sciogliere due sposi nell'acido.

In questo modo saremo sicuri di aver creato un'associazione che permette di distinguere un articolo dall'altro.

È utile e intelligente creare immagini prestabilite (cliché) per ogni codice, come una biblioteca civica o la protezione civile per il Codice civile.

Per fare un ulteriore esempio dell'efficacia della tecnica per gli articoli del Codice, vediamo come potrebbero essere memorizzati i primi dodici articoli della Costituzione italiana associati al loro argomento.

Art. 1 = REPUBBLICA
Davanti hai un'enorme bustina di TÈ (1), verde fosforescente, inizia a muoversi ed esce il presidente della Repubblica (REPUBBLICA) Napolitano che balla il RAP (REPUBBLICA)!
Art. 2 = DIRITTO INVIOLABILE
Immagina NOÈ (2) che sta facendo salire tutti gli animali sulla

sua barca ma in cambio della salvezza c'è un prezzo da pagare... Noé tira loro un dritto, cioè un cazzotto (DIRITTO), e gli animali diventano tutti lividi, viola! (INVIOLABILE)

Art. 3 = DAVANTI ALLA LEGGE

Stai pescando in riva al mare. Lanci il tuo AMO (3) e senti di avere preso qualcosa, qualcosa di grosso! Tiri e... vedi che hai agganciato il davanzale di Pamela Anderson! (DAVANTI) Continuando a tirare a un certo punto «boom»... scoppia! ed esce un giudice (LEGGE) che inizia a picchiarti con il suo martelletto!

Art. 4 = LAVORO

Stai giocando a poker e hai in mano un bel poker di RE (4) che prendono vita e ti fanno perdere! Allora li condanni ai LAVORI FORZATI (LAVORI) e li vedi con una tuta a righe bianca e nera, un'enorme palla di piombo al piede e in mano la piccozza!

Art. 5 = INDIVISIBILE

Stai facendo uno stupendo safari nella savana e finalmente vedi i LEONI (5); avvicinandoti noti che sono tutti in divisa militare (INDIVISIBILI), perché sono le guardie del parco!

Art. 6 = LINGUISTICHE

Saluti i tuoi amici con la mano: «CIAO, CIAO»! (6) Tutto a un tratto vedi che al posto delle dita hai delle lunghissime LINGUE (LINGUISTICHE) rosse e viscide che cominciano a leccarti e sbavarti tutto...

Art. 7 = PATTI LATERANENSI

È mattino presto e stai riposando tranquillamente, quando inizi a sentire un fracasso incredibile! Ti affacci alla finestra e vedi le OCHE (7) della tua fattoria che si stanno tirando addosso i PIATTI (PATTI) della cucina; allora per farle smettere gli lanci addosso un enorme cartone di LATTE (LATERANENSI).

Art. 8 = CONFESSIONI

Gli UFO (8) stanno invadendo e distruggendo il pianeta Terra. L'unico posto sicuro è il CONFESSIONALE (CONFESSIONI) del Grande Fratello, ma appena entri senti: «Sei stato nominato» e ti buttano fuori!

Art. 9 = CULTURA

Immagina il tuo BOA (9) che si innamora perdutamente di un CULTURISTA (CULTURA) e lo vedi che inizia ad arrotolarsi tutto addosso a lui fino a stritolarlo.

Art. 10 = STRANIERI

Sei invitato a una merenda tra amici. Tu prendi una bella TAZZA (10) di tè, ma mentre stai per bere dalla tazza escono tantissimi STRANIERI: francesi con la baguette, cinesi che mangiano il riso, tedeschi con i wurstel. Per non farti invadere li ingoi!

Art. 11= GUERRA

Sei sul TETTO (11) di casa a prendere il sole, ti giri e vedi dei carri armati, delle mitragliatrici, delle bombe: è scoppiata una GUERRA.

Art. 12 = BANDIERA

Immagina una bellissima DONNA (12) che porta la bandiera italiana (BANDIERA) durante la cerimonia di apertura delle Olimpiadi. A un certo punto si alza il vento, e porta via la bandiera e la donna!

Esercizio

Proviamo a memorizzare insieme.
Art. 318 del Codice penale = corruzione

1. *Trova immagini concrete* per il numero e per il titolo dell'articolo. Come faresti?

_____

_____

_____

_____

_____

Suggerimento: 31 (MOTO), 8 (UFO), CORRUZIONE (cerco di corrompere un giudice).

2. *Associa le immagini con il PAV.*
   Crea un'associazione con le immagini che hai scelto:

   _____
   _____
   _____
   _____
   _____

   Suggerimento: per corrompere (CORRUZIONE) il giudice gli regaliamo una MOTO (31) che si trasforma in UFO (8).

3. *Chiudi gli occhi e visualizza.*

Art. 147 del Codice civile = doveri verso i figli

1. *Trova immagini concrete* per il numero e per il titolo dell'articolo. Come faresti?

   _____
   _____
   _____
   _____
   _____

   Suggerimento: 147 (DRAGHI o TRUCCHI).

2. *Associa le immagini con il PAV.*
   Crea un'associazione con le immagini che hai scelto:

   _____
   _____
   _____
   _____
   _____

   Suggerimento: per essere un buon genitore devi saper fare i TRUCCHI di magia oppure devi regalare ai tuoi figli dei DRAGHI.

3. *Chiudi gli occhi e visualizza.*

Le formule

Altre professioni invece richiedono di ricordare e applicare a memoria intere formule. Se le usiamo quotidianamente risulta facile richiamarle alla mente, ma basta non utilizzarle per qualche settimana e ci ritroviamo costretti a spulciare libri e manuali per verificare il procedimento di calcolo. A volte qualcuno preferisce non memorizzare e in caso di necessità sceglie di ricavare la formula attraverso la logica. Un metodo corretto che purtroppo richiede molto tempo e ci può lasciare incerti: abbiamo davvero eseguito bene tutti i passaggi?

Decidere invece di imparare le formule necessarie una volta per tutte ci mette al riparo dall'insicurezza, e ci consente di dedicare tutto il tempo e l'energia alla risoluzione del nostro problema, avendo già a disposizione gli strumenti utili (appunto le formule).

Partiamo dai *simboli*. Memorizzarli è molto semplice, grazie al solito principio: trasformare le informazioni astratte in immagini visualizzabili e associarle con la tecnica del PAV. Dobbiamo poi ragionare sulle singole parti della formula (numeri, lettere maiuscole, lettere minuscole, dell'alfabeto greco, segni operatori, parentesi, numeri, esponenti, costanti e molto altro) e individuare quelle che eventualmente possiamo dare per scontate. Infine bisogna valutare la possibilità di creare una sola immagine partendo da più simboli.

Una volta analizzata la formula secondo queste indicazioni, torniamo alla nostra solita tecnica:

1. *Trova un'immagine concreta* per il titolo e per i simboli da memorizzare nella formula.
2. *Associa tra loro le immagini con il PAV* seguendo l'ordine di scrittura della formula.
3. *Chiudi gli occhi e visualizza* rendendo particolarmente vivido ogni dettaglio.

Le lettere latine maiuscole e minuscole, i segni operatori e tutti gli altri simboli possono essere trasformati in immagini rifacendosi alla loro forma grafica: per esempio, il segno + potrebbe diventare una croce o un mirino. Nel caso specifico delle lettere, oltre alla forma, si potrebbe usare un oggetto che inizi con la lettera stessa e che sia di grandi dimensioni per le maiuscole oppure di piccole dimensioni per le minuscole.

Per quanto riguarda i *numeri* si userà la tecnica, già trattata, della memorizzazione.

Ecco qualche esempio.

A = graficamente può ricordare una montagna o una capanna. Oppure, usando l'iniziale, potrebbe essere associata a un personaggio famoso come Annibale, Attila, o per rifarsi a un oggetto potrebbe ricordare un'Ancora, un'Antenna eccetera.

B = graficamente può ricordare un paio di occhiali, una mascherina, le labbra oppure una Balena (che è molto grande, quindi maiuscola).

a = graficamente potrebbe essere un gancetto o una lumaca, oppure un'ape (che è molto piccola, quindi minuscola).

b = graficamente può assomigliare a una mazza da golf, una lente di ingrandimento, una paletta.

α = un pesciolino o Alfa Romeo.

β = una farfalla.

γ = una cravatta.

$(\ )$ = una palla da rugby, una mongolfiera.

$[\ ]$ = Un televisore.

$\{\ \}$ = un violino.

$\sqrt{\ }$ = una pensilina, una carota.

$+$ = una croce, un mirino, una tomba, aggiungere qualcosa.

X = croce di Sant'Andrea, la croce delle tartarughe Ninja, il tesoro sulla mappa, le bretelle.

$:$ = il morso di un vampiro, una presa elettrica, due bottoni.

$-$ = una sigaretta, una spada, un pennarello, perdere qualcosa.

$=$ = due binari, due stampelle.

Le formule geometriche o economiche

Lo stesso metodo si applica alle formule geometriche o economiche. Prendiamo come esempio la formula della superficie laterale del cono e seguiamo passo per passo la memorizzazione.

Superficie laterale del cono

$$S_l = \pi r \times a$$

1. Trova un'immagine concreta per il titolo e per i simboli da memorizzare nella formula.

   S: Superman
   l: latte
   pi greco: tempio greco
   r: raggio di sole
   a: ape

2. Associa tra di loro le immagini col PAV seguendo l'ordine di scrittura della formula.
   Visualizzazione: mentre Superman (superficie) mangia il cono gelato si sporca tutto di latte (laterale), allora entra in un tempietto greco (pi greco) e si asciuga con un raggio di sole (r) ma viene punto da un'ape (a). Oppure, più rapidamente: per misurare la superficie laterale del cono bisogna rivolgersi al PRA!

3. Chiudi gli occhi e visualizza.

Le formule di biochimica

In questo caso la scelta migliore non è concentrarsi sulle singole lettere, ma direttamente sull'immagine per il gruppo. Il procedimento risulta più chiaro partendo da qualche esempio.

L'atomo di carbonio nelle formule di chimica organica si trova spesso associato a uno o più atomi di idrogeno, quindi si possono scegliere immagini diverse collegate alla Svizzera (CH), in modo da rendere impossibile la confusione:

- CH = cartina della Svizzera
- CH_2 = mucca con due corna
- CH_3 = orologio con le tre lancette

Vediamo alcuni esempi.

Acido fumarico

$$COOH$$
$$|$$
$$CH$$
$$||$$
$$CH$$
$$|$$
$$COOH$$

In mezzo al FUMO (fumarico) ci sono due CUOCHI (COOH), UNO DI FRONTE ALL'ALTRO (struttura) che stanno facendo una gara per chi finisce prima di FUMARE DUE CARTINE DELLA SVIZZERA (CH), ma finiscono in PARITÀ (=).

Acido succinico

$$COOH$$
$$|$$
$$CH_2$$
$$||$$
$$CH_2$$
$$|$$
$$COOH$$

Due cuochi seduti uno di fronte all'altro stanno spremendo il SUCCO (succinico) di DUE MUCCHE CON LE CORNA GIGANTI (CH_2) infilzate su delle PARALLELE (=).

In biochimica può anche succedere che le formule si differenzino per pochissimi dettagli, come nel caso degli amminoacidi: una parte della formula rimane sempre invariata e cambia solo la catena laterale. Anche con le tecniche di memoria resta il principio che quante meno informazioni inutili si memorizzano più si è veloci, perciò una volta memorizzata la struttura di base di un amminoacido basterà associare al nome la catena laterale.

Asparagina

$$
\begin{array}{c}
\text{COO} \\
\|\\
\text{H}_3\text{N} - \text{C} - \text{H} \\
\|\\
\text{CH}_2 \\
\|\\
\text{C} \\
\diagup \quad \diagdown \\
\text{H}_2\text{N} \qquad \text{O}
\end{array}
$$

In questo caso la catena laterale è: CELENTANO, con un enorme ASPARAGO (asparagina) infilato in bocca, sta facendo l'equilibrista su una palla da BOWLING (=O), e tiene con una mano una MUCCA SVIZZERA (CH2), e con l'altra NAPOLEONE (N) che ha DUE STAMPELLE (i due atomi di idrogeno).

Acido ortoborico

$$
\begin{array}{c}
|\overline{\text{OH}} \\
|\\
\text{B} \\
\diagup \quad \diagdown \\
\underline{\text{HO}}| \quad |\underline{\text{OH}}
\end{array}
$$

In mezzo all'ORTO c'è un'enorme confezione di BOROTALCO (acido ortoborico) vestita da BABBO NATALE (B) che urla: «Oh, Oh, Oh!»

Fai in modo che la memorizzazione comprenda anche la struttura.

Esercizio

Memorizziamo insieme alcune formule per esercitarci con le tecniche apprese.

Aspirina (acido acetilsalicilico)

1. *Trova un'immagine concreta* per il titolo e per i simboli da memorizzare nella formula.
   Come faresti?

   _____

   _____

   _____

   _____

   _____

2. *Associa tra di loro le immagini* con il PAV seguendo l'ordine di scrittura dalla formula o la struttura.
   Crea un'associazione con le immagini che hai scelto:

   _____

   _____

   _____

   _____

   _____

Suggerimento: per il titolo, puoi immaginare di prendere un'aspirina sciolta nell'aceto sotto un salice (acido acetilsalicilico).
Per i simboli:

Anello di benzene (esagono) = celletta dell'alveare delle api.

HO — $=O$

Legame con ossigeno e gruppo idrossile = un'antenna a forma di Y con da un lato un CANNOCCHIALE (= O) e dall'altro una CHIAVE (OH).

O — CH$_3$

O

Legame tra ossigeno e gruppo metile = una fionda che da un lato ha una LENTE DI INGRANDIMENTO (–O) e dall'altra un OROLOGIO SVIZZERO (CH$_3$).

Immaginiamo che l'aspirina che stiamo prendendo esca dalla CELLET-TA DI UN ALVEARE che si trova davanti a noi. Su questo c'è un'antenna a forma di Y che da una parte ha un CANNOCCHIALE (=O) e dall'altra una CHIAVE (OH). Sul lato della celletta c'è una fionda con una LENTE DI INGRANDIMENTO (–O) e un OROLOGIO SVIZZERO (CH$_3$).

3. *Chiudi gli occhi e visualizza.*

PARTE QUINTA

Imparare a gestire il tempo e potenziare la tua mente in 21 giorni

Gestione efficace significa dare la precedenza alle priorità.
Mentre la leadership decide quali siano le priorità,
è la gestione che, momento per momento,
assegna loro la precedenza.
Gestione è disciplina, attuazione.

STEPHEN R. COVEY

14

Il tempo: da nemico ad alleato

Un'attenta gestione del tempo
Come, quando e perché ripassare
Come organizzare il tempo dello studio
Semplici accorgimenti per superare qualsiasi esame

Urgenza vs. importanza

Il tempo è la risorsa più importante che abbiamo, l'unica non recuperabile. Pertanto saperlo gestire è indispensabile per raggiungere i propri obiettivi. Quando si parla di gestione del tempo ci sono due fattori che definiscono le attività di ognuno di noi: urgenza e importanza. *Urgente* significa che richiede attenzione immediata. Le cose urgenti vanno fatte subito. Un campanello che squilla è urgente.

L'*importanza* invece riguarda i risultati. Se qualcosa è importante contribuisce a dare significato e valore alla nostra vita, ai nostri obiettivi e alle nostre priorità.

Le persone reagiscono alle faccende urgenti, mentre per quelle importanti è necessaria una dose massiccia di proattività e iniziativa, perché le cose importanti non premono su di noi e quindi non insistono per farci agire. Se non abbiamo ben chiari in testa i nostri obiettivi, rischiamo di farci distrarre dalle cose urgenti, dimenticando del tutto quelle importanti.

Molti si mettono in azione solo quando si sentono sotto pressione, o meglio, quando non aver ottenuto un certo risultato diventa più «doloroso» di quanto dovremmo fare per ottenerlo.

Le persone *efficienti* invece si organizzano in tempo, pianificano e agiscono secondo il grado di importanza: fanno ciò che è necessario per ottenere quello che vogliono, spinti dalla motivazione di realizzare le loro priorità.

Le persone *efficaci* tendono a dedicare poco tempo alle questioni non importanti, che siano urgenti o meno, evitando così situazioni di crisi, problemi pressanti o prossimi alla scadenza che si potrebbero classificare come attività urgenti e importanti allo stesso tempo.

Le attività importanti e non urgenti sono tutte quelle che sappiamo di dover fare per raggiungere gli obiettivi che ci siamo prefissati, ma che spesso rimandiamo perché non sono impellenti.

Un obiettivo in cinque parole

Un'attività importante, anzi cruciale per le persone efficienti ed efficaci, è la *pianificazione*. Purtroppo è la prima a essere rimandata o sacrificata quando siamo oppressi da scadenze e urgenze. Eppure è indispensabile per individuare e perseguire i propri obiettivi.

Ma che cos'è un obiettivo? Possiamo definirlo *il punto di arrivo che si desidera raggiungere e sul quale vorremmo concentrare risorse fisiche e mentali*. La nostra mente è programmata per raggiungere obiettivi, dunque per poterla sfruttare al meglio bisogna innanzitutto creare una chiara immagine di ciò che vogliamo, associandola poi alle sensazioni e alle emozioni che accompagneranno la realizzazione dell'obiettivo. L'anticipazione di pensieri positivi facilita infatti la focalizzazione e rafforza la motivazione.

Basta questo? Sicuramente no. Dobbiamo imparare a comunicare con la nostra mente in un linguaggio chiaro e comprensibile; in altri termini, dobbiamo tradurre e visualizzare gli obiettivi in un codice immediatamente comprensibile.

Maxwell Maltz diceva che «la mente non recepisce il comando 'non'»: è come se fosse programmata per capire solo ciò che viene

espresso in termini *positivi*. Quindi, per fare un esem[p]
tivo «non arrivare in ritardo» deve diventare «arrivare i[n]

Un obiettivo deve essere *misurabile*. Dire di voler migl[i]
propri risultati non è sufficiente. Bisogna essere specifici e ind[i]
con precisione come e quanto.

Deve avere una *scadenza*, cioè occorre stabilire entro quanto
tempo vogliamo ottenere quel risultato. Questo permette di programmare le modalità d'azione e soprattutto di assegnare una
priorità alle attività da svolgere per raggiungere lo scopo.

L'obiettivo deve essere considerato *raggiungibile*. Quando
cominciamo qualcosa pensando che sia più grande di noi, che
non ce la faremo mai, è come se non mettessimo in campo
tutte le risorse, preparandoci automaticamente a ottenere un
risultato mediocre. Se invece ci poniamo obiettivi troppo alti
rispetto a quelli che onestamente crediamo di poter realizzare, è
equivalente a darci obiettivi bassissimi, perché la consapevolezza
di volare oltre le nostre possibilità è di per se stessa un freno.
Dentro di noi sappiamo che è inevitabile fallire, quindi perché
impegnarci? In questo modo, raggiungeremo standard ben al
di sotto del nostro livello. Nel decidere gli obiettivi dobbiamo
quindi essere ambiziosi e realisti: cerchiamo di centrare il massimo delle nostre possibilità.

Infine l'obiettivo deve essere *motivante*: è la motivazione (cioè
ricordarci ogni giorno perché è importante raggiungere quel risultato) che permette di insistere nelle avversità o perseverare quando
si farebbe volentieri tutt'altro. Una volta chiariti gli obiettivi è utile
scrivere perché sono davvero importanti e quali risultati vogliamo:
l'elenco sarà il nostro «promemoria motivazionale» nei momenti
di crisi e sbandamento.

Spesso per raggiungere un obiettivo è necessario correggere
costantemente la rotta. Soprattutto nel caso di obiettivi a medio-
lungo termine, è fondamentale possedere uno strumento per
verificare i progressi che stiamo facendo e per capire giorno per
giorno se siamo nella direzione giusta.

iste una formula magica per raggiungere gli
:oaching ci hanno insegnato che indipen-
osizioni ed esperienza, siamo tutti portati
...elli. Di seguito troverai qualche consiglio
...errori e le distrazioni più comuni: all'apparenza si
...a di sciocchezze, ma sommate tra loro possono bastare a sviare
anche le persone più determinate.

1. *Impara a dire di no.*
   A volte, magari per un bisogno di approvazione o per incapacità di delegare, ci troviamo costretti ad affrontare una serie di
   impegni che ci distolgono dal raggiungimento degli obiettivi.
   Per dire di sì a importanti priorità bisogna saper dire di no alle
   distrazioni e soprattutto alle altre attività, anche se sembrano
   urgenti. Il sistema per riuscirci è avere un sì più grande che
   appassiona!

2. *Valuta le tue attività in base ai criteri di urgenza e importanza.*
   Prepara una tabella e valuta quale percentuale del tuo tempo
   spendi in attività non importanti. In questo modo puoi capire
   quali errori commetti nella gestione del tuo tempo e perché
   non ne sei soddisfatto.

3. *Programma su base settimanale.*
   Scrivi un elenco delle cose da fare quotidianamente. Per vincere
   sul tempo bisogna pianificare con anticipo, mettendo a fuoco
   le priorità e le risorse a disposizione, rendendole produttive.
   Sapere con chiarezza *cosa*, *quando* e *come* fare significa essere
   a metà dell'opera.

4. *Riduci al minimo i tempi morti e impara a sfruttarli.*
   Una parte cospicua della giornata può volatilizzarsi in tempi
   morti. Spostamenti e attese possono occupare diverse ore del
   giorno. Quando non è possibile eliminarli bisognerebbe sfruttare
   questi momenti per dedicarsi ad attività importanti: leggere,
   ripassare, chiamare una persona cara eccetera.

5. *Ricaricati.*
Più tempo dedichiamo ad attività urgenti più stress proviamo. L'esigenza di svagarci e staccare la spina è commisurata ai nostri impegni e alla sequela di urgenze che ci opprimono. Dedicare qualche ora della settimana ad attività di svago non è una perdita di tempo, ma un modo per recuperare energie mentali e fisiche ed essere più produttivi nel momento in cui lavoriamo.

I tempi dell'apprendimento

Memoria a breve termine

Si parla di *memoria a breve termine* quando un processo ci porta a memorizzare delle informazioni per la durata di pochi secondi. I tempi necessari per codificare l'informazione sono superiori alla sua permanenza massima nel magazzino a breve termine. Esiste perciò un magazzino nel quale avvengono processi di codifica che gli studiosi chiamano, appunto, «memoria a breve termine» e che è in grado di conservare un numero limitato di informazioni per un tempo massimo di tre-quattro minuti. Se l'informazione ci resta per un tempo sufficiente, passa nel magazzino successivo, quello della memoria a lungo termine che può conservarla per tutta la vita, altrimenti viene rimossa. Per rimanere nella metafora del magazzino, immaginiamolo dotato di ripiani. Su ognuno vengono depositate le informazioni come se fossero libri, in ordine cronologico: la prima occupa il primo ripiano e viene spinta sul secondo ripiano dall'informazione successiva, che viene spinta in alto dall'arrivo di un'altra informazione, spostando sempre più in su la prima informazione, fino a quando i ripiani finiscono e la prima informazione decade per fare spazio ad altre.

La capacità della memoria a breve termine, cioè il numero di informazioni che possono essere gestite in contemporanea, è solitamente compreso fra cinque e nove.

Una volta che abbiamo stipato il nostro magazzino, tutte le

informazioni hanno uguale valore o importanza? Se proviamo a rievocare un elenco di parole, numeri e figure subito dopo averlo codificato, ci accorgiamo di due fenomeni particolari.

1. *Effetto primacy*: indica la tendenza a ricordare con più facilità i primi elementi dell'elenco (quelli che sono stati ripetuti maggiormente e quindi passano nel magazzino a lungo termine).
2. *Effetto recency*: è la tendenza a richiamare più facilmente gli ultimi elementi della lista (risultato di una semplice «lettura» della memoria a breve termine).

A questi due effetti che privilegiano gli elementi sui primi e sugli ultimi ripiani dei magazzini, si aggiungono altri due fattori: è più facile ricordare gli elementi tra loro concatenati o associati (per esempio, se ripassiamo l'elenco di chi abbiamo invitato a una cena, ci viene spontaneo nominare una persona e subito dopo chi fa coppia con lui o con lei), oppure quelli messi in evidenza, che colpiscono di più la nostra attenzione.

Facciamo attenzione all'attenzione

L'*attenzione* riveste un ruolo di grande importanza in fase sia di selezione sia di codifica dell'informazione, perché comporta l'attivazione del sistema cognitivo, maggiore recettività, velocità e capacità di costruire legami fra ciò che si deve apprendere e ciò che si sa già. L'attenzione non dipende solo dalla volontà, ma anche dall'efficienza fisiologica che può variare in funzione dell'età e di fattori quali l'affaticamento e la depressione. Un buon livello di attenzione consente di cogliere gli elementi caratteristici dei dati da apprendere, di ottenere una migliore codifica, maggiori probabilità di immagazzinamento e quindi di recupero delle informazioni.

Il livello di attenzione cala nel momento in cui siamo stanchi.

Insistere nel lavoro o nello studio, come abbiamo già detto, è improduttivo, perché ci affatichiamo ulteriormente e rendiamo pochissimo. Ce ne accorgiamo, per esempio, quando continuiamo a leggere ma non riusciamo a capire o non siamo in grado di memorizzare. A questo proposito, è bene distinguere tra *comprensione* e *ricordo*: non necessariamente ricordiamo ciò che capiamo, o viceversa, e se la fase di concentrazione si prolunga oltre un certo limite, ricordiamo sempre di meno.

L'ideale è che comprensione e ricordo coesistano in armonia.

Dobbiamo sia ricordare sia comprendere. Per riuscirci, il tempo di studio e applicazione va organizzato in modo da mantenere alto il livello di comprensione senza incappare in forti cali di memoria. La strategia migliore è suddividere i periodi di apprendimento in unità temporali efficaci, che in media dovrebbero durare cinquanta minuti. Alla fase di concentrazione seguono brevi pause, che non dovrebbero durare più di cinque-dieci minuti, durante le quali bisogna cambiare completamente tipo di attività per permettere alla mente di distrarsi.

I vantaggi sono subito chiari: gli inevitabili cali di memoria sono nettamente inferiori rispetto a quando si studia senza pause. In questo modo, anziché avere solo due momenti di grande efficienza (primacy e recency) alla fine e all'inizio della sessione di lavoro, ne avremo molti di più. Si raggiunge, inoltre, un più alto livello di attenzione e comprensione perché il cervello ha avuto il tempo sufficiente per costruire solide basi su cui consolidare e associare nuove informazioni.

Per migliorare la memorizzazione, ti consigliamo di fare, all'inizio e alla fine di ogni periodo di studio, un breve ripasso di quanto hai già studiato e dare un'occhiata a quanto ancora ti manca. Rivedere e prevedere aiuta a fissare ciò che hai appreso, conferma i tuoi progressi, permette alla mente di proiettarsi verso l'impegno che l'attende e dà una visione di insieme.

Memoria a lungo termine

Una volta abituata la memoria a lavorare correttamente nella fase di studio (*vedi* box pagg. 156-157), diventa importante rafforzare il ricordo a lungo termine. Innanzitutto è necessario conoscerne i meccanismi:

- Si ricorda di più qualche minuto dopo il termine della lezione che immediatamente alla fine;
- Entro le 24-48 ore successive si perde più dell'80 per cento di ciò che abbiamo imparato.

Un ripasso attento permette di depositare l'informazione nella memoria a lungo termine, un magazzino caratterizzato da una capacità teoricamente illimitata e dalla possibilità di conservare dati per un tempo indefinito, purché non intervengano danni cerebrali.

Secondo Larry Squire, professore di psichiatria e neuroscienze presso l'Università della California, la memoria a lungo termine è così costituita:

- *La memoria dichiarativa* o *esplicita*: riguarda le informazioni comunicabili, che vengono richiamate consciamente; all'interno di questa esistono la *memoria episodica* (il film della nostra vita) e quella *semantica* (conoscenze in cui un elemento funge da indizio per la rievocazione di altri elementi associati);
- *La memoria procedurale* o *implicita*: riguarda le informazioni relative a comportamenti automatici, soprattutto le abilità motorie e fonetiche, che vengono apprese con il semplice esercizio e utilizzate senza controllo volontario. Vi ricade la memoria procedurale o prospettica (preposta a conservare i piani d'azione per il futuro).

Affinché l'apprendimento sia davvero tale è necessario che le informazioni possano essere recuperate nella memoria e rese disponibili per ulteriori elaborazioni; poiché il recupero dell'informazione dipende dall'efficienza dell'immagazzinamento, chi applica le tecniche di memoria ottiene molto più facilmente ottimi risultati anche duraturi.

Poco lavoro, molta resa: i ripassi

Come raccomanda Tony Buzan (*vedi* Capitolo 7), il metodo più efficace per trattenere le informazioni a lungo termine consiste nell'effettuare *ripassi programmati* proprio nei momenti che precedono il calo nella capacità di richiamo.

Infatti, analizzando i tempi di decadimento delle informazioni memorizzate, gli studiosi hanno individuato alcuni archi temporali specifici, durante i quali i ripassi programmati possono fissare il ricordo in maniera indelebile: un'ora, un giorno, una settimana, un mese, sei mesi. Ciò significa che ripassando l'informazione dopo un'ora, quando la capacità di ricordo e comprensione è al massimo, la si fissa in modo da tenere alta la curva del ricordo per almeno un giorno. Ripassandola ancora il giorno dopo, la traccia mnestica si rinforza al punto da essere valida per almeno una settimana e così via.

Ogni ripasso richiede pochissimo tempo. Il primo ripasso dovrebbe consistere in una revisione completa della mappa mentale e delle informazioni aggiuntive memorizzate con la tecnica del PAV (non più di dieci minuti per ogni ora di studio). Le successive revisioni, invece, si concentrano sulle nozioni basilari della materia trattata, attraverso brevi appunti da confrontare poi con le mappe. Qualsiasi lacuna può essere colmata, e ogni informazione supplementare che si sia aggiunta nel periodo tra due ripassi può essere inserita fra un ripasso e l'altro.

Apprendere con questa modalità è come edificare un palazzo. Per costruirlo servono ponteggi, impalcature, macchinari e attrezzi ma, una volta che è pronto, sta in piedi senza sostegni. Allo stesso modo l'apprendimento poggia su tecniche che sono puri strumenti: dopo averle utilizzate, le informazioni restano e i mezzi impiegati svaniscono. Grazie a questo meccanismo spontaneo, è impossibile che si generi confusione: per quanto le tecniche siano sempre uguali, sono puri supporti per fissare i ricordi, che restano però ben distinti. L'abbattimento dell'impalcatura – ci teniamo a sottolinearlo – è un passaggio automatico e fondamentale che decreta la fine dei tecnicismi a favore della naturalezza e della chiarezza del ricordo.

Mettendo a confronto la memoria di chi non usa le tecniche e di chi invece le usa, è evidente che i primi immettono continuamente informazioni, ma ne lasciano decadere altrettante. Per queste persone è sempre più difficile progredire, perché le conoscenze basilari per capire un argomento (le prime che avrebbero dovuto acquisire) non si sono depositate e sono andate perse. Imparare diventa perciò sempre più difficile e l'intero processo di comprensione e memorizzazione risulta più pesante e frustrante, perché a fronte di tanto lavoro i risultati sono molto inferiori alle aspettative.

Chi invece usa le tecniche e i ripassi programmati non solo ricorda più informazioni, ma riesce ad assimilare quelle nuove con meno difficoltà: si crea un circolo virtuoso dove comprensione, memorizzazione e apprendimento si sostengono a vicenda.

Se normalmente dopo una certa età si assiste a un progressivo decadimento delle facoltà mentali (tra cui la memoria) è perché la maggior parte delle persone ancora non ne conosce il corretto funzionamento e quindi trascura i princìpi che la regolano. Chi invece esercita continuamente le abilità della corteccia cerebrale, grazie alle tecniche che abbiamo visto, non solo non avrà un declino di memoria con l'età, ma potrà notevolmente migliorarla.

Il ripasso programmato: dalla teoria alla pratica

Abbiamo visto che il ripasso programmato è parte fondamentale del processo di memorizzazione. Deve quindi diventare parte integrante del nostro programma di lavoro. In che modo? Di seguito, ecco un esempio di come collocare i momenti di ripasso, sfruttando le fasi migliori per rafforzare e sedimentare il ricordo.

Primo giorno della prima settimana

Due ore di aggiornamento o preparazione, scandite dai seguenti ritmi:

Prima ora: 2 minuti di relax, 50 minuti di studio, 5 minuti di pausa, ripasso programmato sulla mappa mentale.

Seconda ora: 2 minuti di relax, 45 minuti di studio, ripasso programmato di ciò che si è studiato nella seconda ora.

Secondo giorno della prima settimana

Prima di affrontare un nuovo argomento bisogna effettuare il ripasso programmato sulla mappa mentale creata il giorno precedente.

Poi, *prima ora*: 2 minuti di relax, 50 minuti di studio, 5 minuti di pausa, ripasso programmato sulla nuova mappa mentale.

Seconda ora: 2 minuti di relax, 45 minuti di studio, ripasso programmato di ciò che si è studiato nella seconda ora.

Terzo giorno della prima settimana

Prima di affrontare un nuovo argomento bisogna effettuare il ripasso programmato del secondo giorno (non del primo).

Poi, *prima ora*: 2 minuti di relax, 50 minuti di studio, 5 minuti di pausa, ripasso programmato sulla nuova mappa mentale.

Seconda ora: 2 minuti di relax, 45 minuti di studio, ripasso programmato di ciò che si è studiato nella seconda ora.

Quarto, quinto, sesto e settimo giorno della prima settimana

Il procedimento è uguale a quello del terzo giorno.

Primo giorno della seconda settimana

Prima di affrontare un nuovo argomento occorre effettuare il ripasso programmato del primo giorno della prima settimana e del giorno precedente.

Poi, *prima ora*: 2 minuti di relax, 50 minuti di studio, 5 minuti di pausa, ripasso programmato sulla mappa mentale.

Seconda ora: 2 minuti di relax, 45 minuti di studio, ripasso programmato di ciò che si è studiato nella seconda ora.

Per tutti i giorni successivi è sufficiente replicare le indicazioni del primo giorno della seconda settimana.

Planning per l'apprendimento

Fare calcoli matematici per organizzare lo studio in vista di una scadenza (la fine di un corso di aggiornamento, un esame, la preparazione di una relazione) non garantisce il risultato ma rappresenta sicuramente un ottimo punto di partenza, soprattutto per chi deve suddividere il proprio tempo fra mille impegni. Di seguito ti mostriamo come potresti pianificare la tua attività di studio, partendo dall'ipotesi che tu debba studiare cinquecento pagine in venti giorni.

Giorno	Azioni	Obiettivi	Motivazioni
01/01/00	Pagg. 1-40	Esame di inglese livello IV.	Posso propormi per la gestione di clienti stranieri
03/01/00	Pagg. 41-80	Voto 30 e lode entro il 20 gennaio	Divento più autonomo e sicuro nella conversazione
04/01/00	Pagg. 81-100 (un'ora in meno per accompagnare i bambini al saggio).		Potrei avere maggiore visibilità in azienda
			Posso candidarmi per una promozione
			Il lavoro si fa più interessante
			Si avvicina il termine del corso
			Mi fa sentire coerente e organizzato
			Mi fa stare bene
			Posso organizzare un viaggio a Londra per il prossimo ponte
			Al termine avrò più tempo da dedicare ai bambini

Ovviamente il nostro schema va ristrutturato in base alle tue esigenze, e in particolare a tre variabili: quantità del materiale da studiare, quanto manca alla deadline, quanto tempo puoi dedicare allo studio ogni giorno. Come vedi, il rapporto tra il «numero di pagine» e il tempo è un parametro basilare; per questo ti consigliamo di programmare con largo anticipo le fasi di studio, soprattutto se nel frattempo porti avanti attività parallele.

Su venti giorni a disposizione, è probabile che non potrai dedicarli tutti allo studio: per precauzione, prevedi un paio di giorni di riposo e quattro per gestire imprevisti, impegni da assolvere, per approfondire argomenti particolarmente importanti o fare ulteriori ricerche. I giorni a disposizione passano da venti a quattordici, perciò il numero di pagine da studiare ogni giorno oscilla fra le trentasei e le quaranta.

Per concretizzare il planning è utile, a questo punto, prendere in mano il programma e valutare la divisione degli argomenti, degli appunti, degli eventuali esercizi o prove pratiche associate ai diversi capitoli, della diversa importanza e difficoltà di alcune parti e di tutto ciò che influisce sul rendimento. Una volta chiariti questi punti suddividi l'obiettivo in micro-obiettivi giornalieri, mettendo per iscritto ciò che vuoi raggiungere di giorno in giorno. Ovviamente non serve a nulla fare tutto questo se poi non rispetti il programma: per rafforzare la tua motivazione, metti per iscritto anche tutti i motivi per cui per te è davvero importante raggiungere quell'obiettivo e non mancare (o rimandare) la tua deadline.

Una volta stabilito il piano d'azione comincia ad applicare le tecniche di apprendimento, sfruttando tutto ciò che hai imparato finora:

1. Rilassamento e concentrazione (*vedi* Capitolo 3).
2. Aprire il libro.
3. Analisi del testo.

L'analisi del testo prevede le seguenti fasi:

- Lettura globale o di supervisione (*vedi* Capitolo 6).
- Lettura critica (*vedi* Capitolo 6), individuazione dei concetti ed estrapolazione delle parole chiave.
- Fase di verifica e scrematura (*vedi* Capitolo 6).
- Creazione della mappa mentale (*vedi* Capitolo 7).
- Memorizzazione.
- Pausa di 5-10 minuti.
- Ripasso programmato.

È importante che ogni ciclo di studio cominci con un breve ripasso di quanto fatto nel ciclo precedente e devi continuare a studiare fino a quando raggiungi l'obiettivo giornaliero. All'inizio di ogni ciclo è fondamentale fare i ripassi programmati del giorno prima e della settimana prima, così è sempre più facile creare nuove associazioni tra le informazioni che stai apprendendo e dai valore a ciò che hai studiato, spingendo tutte le informazioni nel magazzino a lungo termine.

L'esame finale

A parità di preparazione ciò che fa la differenza è la capacità di valorizzare te stesso e la tua preparazione. Il controllo dell'emotività, la prontezza nel richiamare le informazioni, la capacità di creare collegamenti, l'abilità comunicativa, l'ordine e la coerenza espositiva, la spontaneità e l'entusiasmo giocano un ruolo essenziale. Anche le persone più esperte e abituate a gestire emergenze rischiano di entrare in uno stato di tensione deleterio quando sono sotto esame. Per prevenire passi falsi e conquistare i giusti risultati, è opportuno finire il programma almeno un giorno prima dell'esame. In questo modo hai il tempo di riposarti, rilassarti e ripassare le mappe mentali. Prova anche ad anticipare l'esame, visualizzandolo in chiave positiva, cioè prefigurando il successo che sicuramente raggiungerai grazie allo studio sistematico. Infine, cosa non meno importante, se termini di studiare un giorno prima dai alla tua mente il tempo di riorganizzare tutte le informazioni memorizzate.

Se la prova è orale l'aspetto emotivo può giocare un ruolo determinante. È buona norma evitare di sedersi vicino a persone particolarmente ansiose, che potrebbero trasmetterti la loro apprensione, e mantenere invece la calma, concentrandoti su qualcosa che per te è fonte di sicurezza, fiducia ed energia. La prova orale è colloquio, fatto di domande e risposte, fra due persone: una situazione nella quale, in fondo, ci troviamo quasi ogni giorno. E come sempre, riuscire a creare un rapporto positivo con il nostro interlocutore, per quanto possa essere diverso per età, ruolo e formazione, può essere molto utile per rendere la prova più semplice e facilitare lo scambio di informazioni.

Se l'esame che devi sostenere è una prova scritta puoi contare su un duplice vantaggio: da un lato, hai più tempo per capire le domande, dall'altro puoi organizzare le risposte senza sentire addosso la pressione degli esaminati. Anche in questo caso ti suggeriamo semplici accorgimenti per mettere in luce la tua preparazione e migliorare i risultati:

- Il primo passo è leggere tutte le domande, selezionando quelle a cui scegli di rispondere.
- Decidi in che ordine vuoi rispondere.
- Scrivi la prima bozza del saggio, usando la mappa mentale come schema. Una mappa mentale ben strutturata dovrebbe fornire le principali suddivisioni del saggio o della risposta, i punti chiave che devono essere menzionati e le reciproche relazioni.
- Riguarda la mappa mentale e rifinisci il saggio, modificando e ampliando le tue conclusioni se lo ritieni necessario.
- Rileggi con attenzione il testo prima di consegnarlo: gli errori capitano facilmente quando si lavora sotto pressione e possono indisporre gli esaminatori.

15
Eserciziario

Mettere in pratica le tecniche imparate

In qualsiasi campo, l'apprendimento prevede quattro possibili livelli.

1. *Inconsciamente incapace:* non siamo in grado di svolgere un'attività e non ne siamo nemmeno consapevoli (per esempio, un neonato non sa guidare e non ne è consapevole).
2. *Consciamente incapace:* non siamo in grado di svolgere un'attività, ma ne siamo consapevoli (per esempio, chi non ha mai preso lezioni di guida non sa guidare e ne è consapevole).
3. *Consciamente capace:* siamo in grado di svolgere un'attività, ma dobbiamo ancora riflettere su tutti i passaggi da fare (per esempio, un neopatentato sa guidare, ma per lui non è ancora un automatismo).
4. *Inconsciamente capace:* siamo in grado di svolgere un'attività e possiamo farlo automaticamente, senza pensare al procedimento (per esempio, un autista esperto guida senza riflettere su quali pedali premere).

In questo momento, dopo aver letto il libro in tutte le sue parti, sei ormai consciamente capace di applicare le tecniche. Per diventare inconsciamente capace, l'applicazione deve diventare automatica e spontanea. Le pagine successive hanno proprio questo obiettivo: aiutarti a familiarizzare ancora di più con la lettura veloce, le mappe e le mnemotecniche, in modo che siano il tuo approccio spontaneo a qualsiasi testo e settore di studio. Un obiettivo molto più semplice di quanto credi: bastano 21 giorni di pratica costante e mirata per potenziare al massimo il tuo rendimento e sfruttare a pieno le doti naturali della mente.

Il nostro planning prevede di memorizzare un insieme di date, formule, articoli di codice e altre informazioni che ti sembreranno probabilmente inutili. Considerali come semplici esercizi: non importa il valore di queste informazioni nella tua formazione, ma solo rispettare le nostre indicazioni, allenare la mente e interiorizzare le tecniche. Una volta che saprai padroneggiarle completamente, potrai sfruttarle per qualsiasi tipo di informazione.

Buon lavoro!

GIORNO I

Lettura veloce

Gli esercizi riguardanti la parte trattata sulla lettura rapida sono presenti in ognuno dei 21 giorni di seguito elencati. In questa prima giornata devi eseguire le seguenti attività:

1. Esercizio sui punti di fissità (pag. 46).
2. Esercizio per l'ampliamento del campo di percezione (pagg. 49-50).
3. Esercizio per la velocità di percezione (pag. 51).

La durata per ognuno dei tre esercizi deve essere compresa tra un tempo minimo di 5 minuti e uno massimo di 15 minuti.

Schedario mentale

Memorizza, creando le tue immagini, le prime venti schede dello schedario mentale (*vedi* pag. 122).

Brainstorming

Trova quindici soluzioni al problema di pag. 94.

Memorizzazione

Associa i numeri alle parole seguenti utilizzando la tecnica dello schedario mentale.

1. Stereo	11. Corso
2. Casa	12. Microfono
3. Telefono	13. Lumaca
4. Sedia	14. Ciabatte
5. Stadio	15. Lavagna
6. Quadro	16. Armadio
7. Fuoco	17. Soldi
8. Orologio	18. Foglio
9. Pantaloni	19. Berretto
10. Libro	20. Cavallo

Impara le seguenti date:

Johann Sebastian Bach	1685-1750
George Washington	1732-1799
Giuseppe Garibaldi	1807-1882
Albert Einstein	1879-1955
Isaac Newton	1643-1727
Immanuel Kant	1724-1804
Francesco Petrarca	1304-1374
Giovanni Boccaccio	1313-1375
Archimede	287-212 a.C.

GIORNO 2

Lettura veloce

Durante questa giornata devi eseguire le seguenti attività:

1. esercizio sui punti di fissità (*vedi* pagg. 46-47);
2. esercizio per l'ampliamento del campo di percezione (*vedi* pagg. 49-50);
3. esercizio per la velocità di percezione (*vedi* pag. 51).

La durata per ognuno dei tre esercizi deve essere compresa tra un tempo minimo di 5 minuti e uno massimo di 15 minuti.

Schedario mentale

Ripassa rapidamente le venti schede memorizzate ieri. È importante verificare che per ogni scheda sei in grado di richiamare mentalmente le immagini collegate. All'inizio potresti avere ancora bisogno di scandire i suoni fonetici abbinati alla scheda poi, proseguendo con gli esercizi, richiamerai le schede in modo automatico.

Brainstorming

Trova trenta nuove soluzioni al problema di pag. 94.

Testi

Scegli un testo di studio. Sarebbe preferibile esercitarsi, almeno all'inizio, su un manuale il cui contenuto sia particolarmente interessante e coinvolgente.

Esercitati sulle pagine come descritto nel Capitolo 7. I passaggi importanti in questa giornata sono:

1. Esercitati su almeno dieci pagine del testo.
2. Leggi il contenuto con l'obiettivo di spiegare a qualcun altro ciò che hai letto. Individua i concetti importanti ed estrapola le parole chiave e i dettagli tecnici presenti.

3. Scrivi su un foglio a parte tutte le parole chiave e i dettagli tecnici. Conserva il foglio perché ti servirà domani.

Memorizzazione
Memorizza le seguenti informazioni.

INGLESE	SPAGNOLO
Chalk = Gesso	Butaca = Poltrona
Coin = Moneta	Cama = Letto
Ham = Prosciutto	Obrero = Operaio
Road = Strada	Mesa = Tavolo
Lock = Serratura	Corbata = Cravatta
Bridge = Ponte	Sortija = Anello
Ship = Nave	Pierna = Gamba

Impara le seguenti date:

1909	Primo Giro d'Italia	1914	Inizia la Prima guerra mondiale
1910	Fondazione dell'Alfa Romeo	1915	L'Italia entra in guerra
1911	Varo del *Titanic*	1916	Teoria della relatività di Einstein
1912	Primo incidente nel metrò di Londra	1917	La Madonna appare a Fatima
1913	Nasce a New Orleans il jazz	1918	Diritto di voto alle donne in Germania

GIORNO 3

Lettura veloce
Durante questa giornata devi eseguire le seguenti attività:

1. esercizio sui punti di fissità (*vedi* pagg. 46-47);
2. esercizio per l'ampliamento del campo di percezione (*vedi* pagg. 49-50);
3. esercizio per la velocità di percezione (*vedi* pag. 51).

La durata per ognuno dei tre esercizi deve essere compresa tra un tempo minimo di 5 minuti e uno massimo di 15 minuti.

Schedario mentale

Memorizza, creando le tue immagini, le schede da 21 a 40 dello schedario mentale che si trova a pagina 122.

Brainstorming

Trova trenta nuove soluzioni al problema di pagina 94.

Testi

Effettua la fase di verifica come è stato spiegato nel capitolo 6 riprendendo il foglio su cui ieri hai segnato le parole chiave e i dettagli tecnici del testo letto.

Mappa mentale e memorizzazione

Una volta effettuata la verifica non resta altro da fare che riportare tutte le informazioni selezionate all'interno di una mappa mentale (*vedi* Capitolo 7).

Dopo averla disegnata, la mappa deve essere memorizzata. L'utilità di quest'ultimo passaggio risulta evidente: non sempre è possibile portare con sé la mappa per visualizzare e ripassare tutte le informazioni (in particolare durante un esame), quindi memorizzarla è necessario per un apprendimento sicuro e completo. Per compiere questo processo è sufficiente rispettare le seguenti indicazioni:

1. *Trova immagini* per le parole scritte al *centro della mappa* e su *tutti i primi rami*. È possibile, per le parole più astratte, rifarsi alla tecnica dei termini complessi e astratti (*vedi* Capitolo 10).

2. *Associa le immagini con il PAV* includendo, in ordine, tutte le immagini che hai trovato per il centro e i primi rami della mappa.
3. *Visualizza* con attenzione la storia e le immagini PAV.
4. *Trova immagini* per le parole che compongono i *rami secondari*.
5. *Crea una storia PAV* che colleghi tra loro la parola inserita in ogni primo ramo e tutte quelle dei rami secondari.
6. *Visualizza* con attenzione la storia e le immagini PAV.

A questo punto hai memorizzato efficacemente i primi due anelli. Per quanto riguarda invece il *terzo anello* ed eventualmente i successivi, la strategia è diversa. Ripensa alla tecnica che abbiamo visto nel ciclo dell'osservazione (*vedi* Capitolo 11): concentrati sulle parole degli anelli dal terzo in poi, e utilizza le domande per avviare l'apprendimento attivo. È utile inoltre inserire alcuni visual che facilitino la memorizzazione delle parole chiave. Alla fine cerca di ricostruire la mappa nella tua mente e controlla di non aver dimenticato nessun ramo; nel caso, aggiungi un visual o un'associazione PAV per fissarli meglio nella memoria. E ovviamente, inserisci la mappa nei ripassi programmati (*vedi* Capitolo 14).

GIORNO 4

Lettura veloce
Durante questa giornata devi eseguire le seguenti attività:

1. Esercizio sui punti di fissità (*vedi* pagg. 46-47).
2. Esercizio per l'ampliamento del campo di percezione (*vedi* pagg. 49-50).
3. Esercizio per la velocità di percezione (*vedi* pag. 51).

La durata per ognuno dei tre esercizi deve essere compresa tra un tempo minimo di 5 minuti e uno massimo di 15 minuti.

Schedario mentale
Ripassa rapidamente le venti schede memorizzate ieri (schede da 21 a 40).

Brainstorming
Trova trenta nuove soluzioni al problema di pag. 94.

Memorizzazione
Associa i numeri alle parole seguenti utilizzando la tecnica dello schedario mentale.

21. Francobollo	31. Macchina
22. Montagna	32. Cucchiaio
23. Caramella	33. Terrazzo
24. Zaino	34. Phon
25. Costume	35. Chiesa
26. Pattumiera	36. Spada
27. Tappeto	37. Bicicletta
28. Sapone	38. Neo
29. Sabbia	39. Tasca
30. Televisione	40. Unghia

Impara le seguenti date:

1776	Dichiarazione d'indipendenza USA
1955	Patto di Varsavia
1789	Rivoluzione francese
490 a.C.	Battaglia di Maratona
1903	Primo volo dei fratelli Wright
1815	Battaglia di Waterloo
1969	Primo uomo sulla Luna

GIORNO 5

Lettura veloce

Durante questa giornata devi eseguire le seguenti attività:

1. Esercizio sui punti di fissità (*vedi* pagg. 46-47).
2. Esercizio per l'ampliamento del campo di percezione (*vedi* pagg. 49-50).
3. Esercizio per la velocità di percezione (*vedi* pag. 51).

La durata per ognuno dei tre esercizi deve essere compresa tra un tempo minimo di 5 minuti e uno massimo di 15 minuti.

Schedario mentale

Memorizza, creando le tue immagini, le schede da 41 a 60 dello schedario mentale che si trova a pag. 122.

Brainstorming

Trova quindici nuove soluzioni al problema di pag. 94.

Testi

Scegli un testo di studio. Sarebbe preferibile esercitarsi, almeno all'inizio, su un manuale il cui contenuto sia particolarmente interessante e coinvolgente.

Esercitati sulle pagine come descritto nel Capitolo 7. I passaggi importanti in questa giornata sono:

1. Esercitati su almeno dieci pagine del testo.
2. Leggi il contenuto con l'obiettivo di spiegare a qualcun altro ciò che hai letto. Individua i concetti importanti ed estrapola le parole chiave e i dettagli tecnici presenti.
3. Scrivi su un foglio a parte tutte le parole chiave e i dettagli tecnici. Conserva il foglio perché ti servirà domani.

Memorizzazione

Memorizza le seguenti informazioni:

TEDESCO	FRANCESE
Schuh = Scarpa	Montre = Orologio
Arzt = Medico	Lèvre = Labbro
Lehrer = Maestro	Plumier = Portapenne
Königin = Regina	Avion = Aeroplano
Nacht = Notte	Échelle = Scala
Vater = Padre	Eau = Acqua
Kirsche = Ciliegia	Oiseau = Uccello

Impara le seguenti date:

1920	Proibizionismo in USA	1925	Mussolini diventa Duce
1921	Primo Gran Premio d'Italia di automobilismo	1926	Arrivo del sonoro al cinema
1922	Marcia su Roma	1927	Arresto di Alcide De Gasperi
1923	Nasce il Time	1928	Fleming scopre la penicillina
1924	Delitto Matteotti	1929	Crollo della Borsa di Wall Street

GIORNO 6

Lettura veloce

Durante questa giornata devi eseguire le seguenti attività:

1. Esercizio sui punti di fissità (*vedi* pagg. 46-47);
2. Esercizio per l'ampliamento del campo di percezione (*vedi* pagg. 49-50);

3. esercizio per la velocità di percezione (*vedi* pag. 51).

La durata per ognuno dei tre esercizi deve essere compresa tra un tempo minimo di 5 minuti e uno massimo di 15 minuti.

Schedario mentale
Ripassa rapidamente le venti schede memorizzate ieri (schede da 41 a 60).

Brainstorming
Trova quindici nuove soluzioni al problema di pag. 94.

Testi
Verifica: in questa fase è necessario riprendere il foglio su cui ieri hai segnato le parole chiave e i dettagli tecnici del testo letto.

Mappa mentale e memorizzazione
Crea la mappa mentale del testo letto ieri, inserendo all'interno le parole chiave e i dettagli tecnici appena verificati, poi memorizzala.

GIORNO 7

Lettura veloce
Durante questa giornata devi eseguire le seguenti attività:

1. Esercizio sui punti di fissità (*vedi* pagg. 46-47).
2. Esercizio per l'ampliamento del campo di percezione (*vedi* pagg. 49-50).
3. Esercizio per la velocità di percezione (*vedi* pag. 51).

La durata per ognuno dei tre esercizi deve essere compresa tra un tempo minimo di 5 minuti e uno massimo di 15 minuti.

Schedario mentale

Memorizza, creando le tue immagini, le schede da 61 a 80 dello schedario mentale che si trova a pag. 122.

Brainstorming

Trova quindici nuove soluzioni al problema di pag. 94.

Memorizzazione

Associa i numeri alle parole seguenti utilizzando la tecnica dello schedario mentale:

41. Ciclotrone	51. Settore
42. Pubblico	52. Ospedale
43. Salame	53. Filettatura
44. Comunicare	54. Ricetta
45. Impressione	55. Corso
46. Zuppiera	56. Terrazza
47. Esercizio	57. Marasma
48. Cloroformio	58. Frazione
49. Oscar	59. Notizia
50. Salute	60. Bicchiere

Impara i seguenti numeri:

23792812987547579087	52845368291539504653
78496233740727349590	27305620562428262436
17238954293659836489	63027632047639690214
57826479258091656181	78457283984628973283

GIORNO 8

Lettura veloce

Durante questa giornata devi eseguire le seguenti attività:

1. Esercizio per l'ampliamento del campo di percezione per una durata compresa tra un minimo di 5 e un massimo di 15 minuti (*vedi* pagg. 49-50).
2. Utilizza le tecniche di lettura esplorativa e orientativa (*vedi* pagg. 56-57) su un testo a scelta per un tempo minimo di 15 minuti.

Schedario mentale

Ripassa rapidamente le venti schede memorizzate ieri (schede da 61 a 80).

Brainstorming

Trova quindici nuove soluzioni al problema di pag. 94.

Testi

Scegli un testo di studio. Sarebbe preferibile esercitarsi, almeno all'inizio, su un manuale il cui contenuto sia particolarmente interessante e coinvolgente.

Esercitati sulle pagine come descritto nel Capitolo 7. I passaggi importanti in questa giornata sono:

1. Esercitati su almeno dieci pagine del testo.
2. Leggi il contenuto con l'obiettivo di spiegare a qualcun altro ciò che hai letto. Individua i concetti importanti ed estrapola le parole chiave e i dettagli tecnici presenti.
3. Scrivi su un foglio a parte tutte le parole chiave e i dettagli tecnici. Conserva il foglio perché ti servirà domani.

Memorizzazione

Memorizza le seguenti informazioni:

INGLESE	SPAGNOLO
Chicken = Pollo	Tocadiscos = Giradischi
Lunch = Pranzo	Diario = Giornale
Meal = Pasto	Hombre = Uomo
Chair = Sedia	Mujer = Donna

Factory = Fabbrica   Muchacho = Ragazzo
Son = Figlio   Hoja = Foglia
Pupil = Allievo   Cara = Viso

Impara i seguenti articoli del Codice penale:

 23 - Reclusione
250 - Commercio col nemico
326 - Rivelazione ed utilizzazione di segreti d'ufficio
485 - Falsità in scrittura privata
530 - Corruzione di minorenni
640 - Truffa
646 - Appropriazione indebita
701 - Misura di sicurezza

GIORNO 9

Lettura veloce
Durante questa giornata devi eseguire le seguenti attività:

1. Esercizio per l'ampliamento del campo di percezione per una durata compresa tra un minimo di 5 e un massimo di 15 minuti (*vedi* pagg. 49-50);
2. Utilizza le tecniche di lettura esplorativa e orientativa (*vedi* pagg. 56-57) su un testo a scelta per una durata minima di 15 minuti.

Schedario mentale
Memorizza, creando le tue immagini, le schede da 81 a 100 dello schedario mentale che si trova a pag. 122.

Brainstorming
Trova quindici nuove soluzioni al problema di pag. 94.

Testi

Verifica: in questa fase è necessario riprendere il foglio su cui ieri hai segnato le parole chiave e i dettagli tecnici del testo letto.

Mappa mentale e memorizzazione

Crea la mappa mentale del testo letto ieri, inserendo all'interno le parole chiave e i dettagli tecnici appena verificati, poi memorizzala.

GIORNO 10

Lettura veloce

Durante questa giornata devi eseguire le seguenti attività:

1. Esercizio per l'ampliamento del campo di percezione per una durata compresa tra un minimo di 5 e un massimo di 15 minuti (*vedi* pagg. 49-50).
2. Utilizza la tecnica per la lettura di quotidiani (*vedi* pag. 61) su un testo a scelta per una durata minima di 15 minuti.

Schedario mentale

Ripassa rapidamente le venti schede memorizzate ieri (schede da 81 a 100).

Brainstorming

Trova quindici nuove soluzioni al problema di pag. 94.

Memorizzazione

Associa i numeri alle parole seguenti utilizzando la tecnica dello schedario mentale:

61. Cosmo	71. Cerchio
62. Interesse	72. Mito
63. Classico	73. Ipnotico
64. Spiaggia	74. Marmellata

65. Catatonia	75. Tariffa
66. Geometria	76. Ruota
67. Fluorocarburo	77. Oroscopo
68. Leggero	78. Flessione
69. Sapone	79. Scatto
70. Brasato	80. Arcobaleno

Impara i seguenti articoli della Costituzione.

Art. 31

La Repubblica agevola con misure economiche e altre provvidenze la formazione della famiglia e l'adempimento dei compiti relativi, con particolare riguardo alle famiglie numerose.

Protegge la maternità, l'infanzia e la gioventù, favorendo gli istituti necessari a tale scopo.

Art. 32

La Repubblica tutela la salute come fondamentale diritto dell'individuo e interesse della collettività, e garantisce cure gratuite agli indigenti.

Nessuno può essere obbligato a un determinato trattamento sanitario se non per disposizione di legge. La legge non può in nessun caso violare i limiti imposti dal rispetto della persona umana.

GIORNO 11

Lettura veloce

Durante questa giornata devi eseguire le seguenti attività:

1. Esercizio per l'ampliamento del campo di percezione per una durata compresa tra un minimo di 5 e un massimo di 15 minuti (*vedi* pagg. 49-50).
2. Utilizza la tecnica per la lettura di quotidiani (*vedi* pagg. 61-62) su un testo a scelta per una durata minima di 15 minuti.

Schedario mentale

Ripassa rapidamente le cento schede memorizzate nei giorni precedenti.

Brainstorming

Trova quindici nuove soluzioni al problema di pag. 94.

Testi

Scegli un testo di studio. Sarebbe preferibile esercitarsi, almeno all'inizio, su un manuale il cui contenuto sia particolarmente interessante e coinvolgente.

Esercitati sulle pagine come descritto nel Capitolo 7. I passaggi importanti in questa giornata sono:

1. Esercitati su almeno dieci pagine del testo.
2. Leggi il contenuto con l'obiettivo di spiegare a qualcun altro ciò che hai letto. Individua i concetti importanti ed estrapola le parole chiave e i dettagli tecnici presenti.
3. Scrivi su un foglio a parte tutte le parole chiave e i dettagli tecnici. Conserva il foglio, ti servirà domani.

Memorizzazione

Memorizza le seguenti informazioni:

TEDESCO	FRANCESE
Bleistift = Matita	Ampoule = Lampadina
Bild = Quadro	Échecs = Scacchi
Zimmer = Stanza	Éperon = Sperone
Stuhl = Sedia	Oignon = Cipolla
Mund = Bocca	Maison = Casa
Gesicht = Viso	Cheval = Cavallo
Hut = Cappello	Île = Isola

Impara i seguenti articoli del Codice.

165 - Capacità del minore
177 - Oggetto della comunione
190 - Responsabilità sussidiaria dei beni personali
312 - Accertamenti del tribunale
234 - Esercizio abusivo di attività commerciale
1.589 - Incendio di cosa assicurata
2.601 - Azione delle associazioni professionali
2.854 - Ipoteche iscritte nello stesso grado

GIORNO 12

Lettura veloce
Durante questa giornata devi eseguire le seguenti attività:

1. Esercizio per l'ampliamento del campo di percezione per una durata compresa tra un minimo di 5 e un massimo di 15 minuti (*vedi* pagg. 49-50).
2. Utilizza le tecniche di lettura esplorativa e orientativa (*vedi* pagg. 56-57) su un testo a scelta per una durata minima di 15 minuti.

Schedario mentale
Ripassa rapidamente tutte le cento schede memorizzate nei giorni precedenti.

Brainstorming
Trova quindici nuove soluzioni al problema di pag. 94.

Testi
Verifica: in questa fase è necessario riprendere il foglio su cui ieri hai segnato le parole chiave e i dettagli tecnici del testo letto.

Mappa mentale e memorizzazione
Crea la mappa mentale del testo letto ieri, inserendo all'interno le parole chiave e i dettagli tecnici appena verificati, poi memorizzala.

GIORNO 13

Lettura veloce
Durante questa giornata devi eseguire le seguenti attività:

1. Esercizio per l'ampliamento del campo di percezione per una durata compresa tra un minimo di 5 e un massimo di 15 minuti (*vedi* pagg. 49-50).
2. Utilizza la tecnica per la lettura di quotidiani (*vedi* pagg. 61-62) su un testo a scelta per una durata minima di 15 minuti.

Brainstorming
Trova quindici nuove soluzioni al problema di pag. 94.

Memorizzazione
Associa i numeri alle parole seguenti utilizzando la tecnica dello schedario mentale:

81. Mitologia	91. Contabilità
82. Frequenza	92. Raucedine
83. Vascello	93. Emoglobina
84. Onomastico	94. Sutura
85. Strip-tease	95. Quanti
86. Conciliare	96. Scontare
87. Pontificio	97. Rilassamento
88. Accudire	98. Guadagno
89. Cromosoma	99. Organico
90. Afrodisiaco	100. Materia

Memorizza l'equazione di Henderson-Hasselbach:

$$pH = pK_a + \log_{10}\frac{[A-]}{[HA]}$$

GIORNO 14

Lettura veloce

Durante questa giornata devi eseguire le seguenti attività:

1. Esercizio per l'ampliamento del campo di percezione per una durata compresa tra un minimo di 5 e un massimo di 15 minuti (*vedi* pagg. 49-50).
2. Utilizza le tecniche di lettura esplorativa e orientativa (*vedi* pagg. 56-57) su un testo a scelta per una durata minima di 15 minuti.

Brainstorming

Trova quindici nuove soluzioni al problema di pag. 94.

Testi

Scegli un testo di studio.

Esercitati sulle pagine come descritto nel Capitolo 7; i passaggi importanti in questa giornata sono:

1. Esercitati su almeno venti pagine del testo.
2. Leggi il contenuto con l'obiettivo di spiegare a qualcun altro ciò che hai letto. Individua i concetti importanti ed estrapola le parole chiave e i dettagli tecnici presenti.
3. Scrivi su un foglio a parte tutte le parole chiave e i dettagli tecnici. Conserva il foglio perché ti servirà domani.

Memorizzazione

Memorizza le seguenti informazioni:

1930	Viene scoperto Plutone
1931	L'FBI arresta Al Capone
1932	Primo numero della *Settimana Enigmistica*
1933	Brevetto della radio FM
1934	Nasce il personaggio di Donald Duck (Paperino)
1935	Primo dispositivo radar

1936	Jesse Owens vince quattro medaglie d'oro a Berlino
1937	Uscita di *Biancaneve e i sette anni* di Walt Disney
1938	Leggi razziali in Italia
1939	La Germania invade la Polonia
1940	Winston Churchill diventa Primo ministro inglese
1941	Attacco a Pearl Harbor
1942	Emanato l'attuale Codice civile in Italia
1943	L'Italia firma l'armistizio
1944	Sbarco in Normandia
1945	Bombe atomiche su Hiroshima e Nagasaki
1946	L'Italia vota per la Repubblica
1947	Nasce la CIA
1948	Entra in vigore la Costituzione italiana
1949	Creazione della NATO

GIORNO 15

Lettura veloce
Durante questa giornata devi eseguire le seguenti attività:

1. Esercizio per l'ampliamento del campo di percezione per una durata compresa tra un minimo di 5 e un massimo di 15 minuti (*vedi* pagg. 49-50).
2. Utilizza la tecnica di lettura approfondita o critica (*vedi* pagg. 56-57) su un testo a scelta per una durata minima di 15 minuti.

Brainstorming
Trova quindici nuove soluzioni al problema di pag. 94.

Mappa mentale e memorizzazione
Crea la mappa mentale del testo letto ieri, inserendo all'interno le parole chiave e i dettagli tecnici appena verificati, poi memorizzala.

GIORNO 16

Lettura veloce
Durante questa giornata devi eseguire le seguenti attività:

1. Esercizio per l'ampliamento del campo di percezione per una durata di tempo compresa tra un minimo di 5 e un massimo di 15 minuti (*vedi* pagg. 49-50).
2. Utilizza la tecnica di lettura approfondita o critica (*vedi* pagg. 56-57) su un testo a scelta per una durata di tempo minimo di 15 minuti.

Brainstorming
Trova quindici nuove soluzioni al problema di pagina 94.

Memorizzazione
Memorizza le seguenti informazioni:

1950	La Cina occupa il Tibet
1951	Primo Festival di Sanremo
1952	Nasce la CECA (Comunità Europea del Carbone e dell'Acciaio)
1953	Conquista dell'Everest
1954	Nasce la RAI
1955	Apre Disneyland
1956	Elvis Presley diventa famoso
1957	Nasce la FIAT 500
1958	Nasce la NASA
1959	Nasce la Barbie
1960	Nascono i Beatles
1961	Viene eretto il Muro di Berlino
1962	Nascono i Rolling Stones
1963	Assassinio di John F. Kennedy a Dallas
1964	Nelson Mandela viene condannato all'ergastolo
1965	Assassinio di Malcolm X

1966	L'ora legale viene introdotta in Italia
1967	Viene ucciso Che Guevara
1968	Assassinio di Martin Luther King
1969	Nixon viene eletto trentaseiesimo presidente degli Stati Uniti
1970	Muore Jimi Hendrix
1971	Invenzione dell'e-mail
1972	Inizia lo scandalo Watergate
1973	Gli americani si ritirano dal Vietnam
1974	Eruzioni dell'Etna
1975	Marco Pannella viene arrestato per aver fumato hashish
1976	Muore Mao Zedong
1977	Esce il primo film della saga Guerre stellari
1978	Viene sequestrato Aldo Moro
1979	Margaret Thatcher diventa Primo ministro inglese

GIORNO 17

Lettura veloce

Durante questa giornata devi eseguire le seguenti attività:

1. Esercizio per l'ampliamento del campo di percezione per una durata compresa tra un minimo di 5 e un massimo di 15 minuti (*vedi* pagg. 49-50).
2. Utilizza la tecnica per la lettura di quotidiani (*vedi* pagg. 61-62) su un testo a scelta per una durata minima di 15 minuti.

Brainstorming

Trova quindici nuove soluzioni al problema di pag. 94.

Testi

Scegli un testo di studio.

Esercitati sulle pagine come descritto nel Capitolo 7. I passaggi importanti in questa giornata sono:

1   Esercitati su almeno venticinque pagine del testo;
2. Leggi il contenuto con l'obiettivo di spiegare a qualcun altro ciò che hai letto. Individua i concetti importanti ed estrapola le parole chiave e i dettagli tecnici presenti.
3. Crea la mappa mentale dopo aver effettuato la verifica.

Memorizzazione
Trova le immagini ai seguenti termini astratti:

Aggiotaggio	Spicilegio
Buassagine	Transunto
Cenotafio	Uopo
Dislagarsi	Villancico
Ecdotica	Pedissequo
Giulebbato	Inverecondia
Lapalissiano	Muliebre
Nembifero	Ottriare

Impara la definizione di reddito: «Il reddito è una variabile di flusso e può essere definito come l'entrata netta, espressa in termini monetari, realizzata da un soggetto in un determinato periodo di tempo. Rappresenta in pratica il divenire di componenti economici attribuito a un dato periodo di tempo».

GIORNO 18

Lettura veloce
Durante questa giornata devi eseguire le seguenti attività:

1   Esercizio per l'ampliamento del campo di percezione per una durata compresa tra un minimo di 5 e un massimo di 15 minuti (*vedi* pagg. 49-50);
2. Utilizza la tecnica di lettura approfondita o critica (*vedi* pagg. 56-57) su un testo a scelta per una durata minima di 45 minuti.

Schedario mentale
Ripassa rapidamente tutte le cento schede memorizzate nei giorni precedenti.

Brainstorming
Trova quindici nuove soluzioni al problema di pag. 94.

Mappa mentale e memorizzazione
Memorizza la mappa mentale del testo letto ieri.

GIORNO 19

Lettura veloce
Durante questa giornata devi eseguire le seguenti attività:

1. Esercizio per l'ampliamento del campo di percezione per una durata compresa tra un minimo di 5 e un massimo di 15 minuti (*vedi* pagg. 49-50).
2. Utilizza la tecnica per la lettura di quotidiani (*vedi* pagg. 61-62) su un testo a scelta per una durata minima di 15 minuti.

Brainstorming
Trova quindici nuove soluzioni al problema di pag. 94.

Memorizzazione
Memorizza le seguenti informazioni:

1980	Strage di Ustica (81 morti)
1981	Attentato a Giovanni Paolo II
1982	Gli Azzurri sono campioni del mondo di calcio a Madrid
1983	In Italia viene lanciato il compact disc
1984	Maradona passa al Napoli
1985	Cossiga diventa presidente della Repubblica
1986	Incidente nucleare a Chernobyl

1987	Prima apparizione dei *Simpson*
1988	Muore Enzo Ferrari
1989	Cade il Muro di Berlino
1990	Inizia la guerra del Golfo
1991	Finisce la guerra del Golfo
1992	Guerra civile in Bosnia
1993	Cattura di Totò Riina
1994	Nelson Mandela presidente del Sudafrica
1995	Viene fondata eBay
1996	Prima miss Italia di colore Denny Méndez
1997	Muore Madre Teresa di Calcutta
1998	Nasce Google
1999	*La vita è bella* di Benigni vince l'Oscar come miglior film straniero
2000	Giubileo
2001	Attentato alle Torri gemelle
2002	Introduzione dell'euro
2003	I Savoia possono rientrare in Italia
2004	Muore Marco Pantani
2005	Muore Giovanni Paolo II
2006	Gli Azzurri sono campioni del mondo di calcio a Berlino
2007	Muore Luciano Pavarotti
2008	Obama viene eletto quarantaquattresimo presidente degli Stati Uniti

GIORNO 20

Lettura veloce

Durante questa giornata devi eseguire le seguenti attività:

1. Esercizio per l'ampliamento del campo di percezione per una durata compresa tra un minimo di 5 e un massimo di 15 minuti (*vedi* pagg. 49-50).
2. Utilizza la tecnica di lettura approfondita o critica (*vedi* pagg.

56-57) su un testo a scelta per una durata minima di 45 minuti e identifica i concetti principali estrapolando le parole chiave.

Testi
Fai una verifica sulle parole chiave al termine della lettura e crea la mappa mentale.

Brainstorming
Trova quindici nuove soluzioni al problema di pag. 94.

Memorizzazione
Memorizza la formula per la rata del mutuo:

$$C(1 + TA / PA)^{(PA*A)} * \frac{TA / PA}{(1 + TA / PA)^{(PA*A)} - 1}$$

GIORNO 21

Lettura veloce
Durante questa giornata devi eseguire le seguenti attività:

1. Esercizio per l'ampliamento del campo di percezione per una durata compresa tra un minimo di 5 e un massimo di 15 minuti (*vedi* pagg. 49-50).
2 Utilizza la tecnica di lettura approfondita o critica (*vedi* pagg. 56-57) su un testo a scelta per una durata minima di 45 minuti e identifica i concetti principali estrapolando le parole chiave.

Testi
Fai una verifica sulle parole chiave al termine della lettura, crea la mappa mentale e memorizzala.

Brainstorming
Trova quindici nuove soluzioni al problema di pag. 94.

Memorizzazione
Impara i seguenti articoli della Costituzione:

Art. 45
La Repubblica riconosce la funzione sociale della cooperazione a carattere di mutualità e senza fini di speculazione privata.

La legge ne promuove e favorisce l'incremento con i mezzi più idonei e ne assicura, con gli opportuni controlli, il carattere e le finalità.

La legge provvede alla tutela e allo sviluppo dell'artigianato.

Art. 46
Ai fini della elevazione economica e sociale del lavoro in armonia con le esigenze della produzione, la Repubblica riconosce il diritto dei lavoratori a collaborare, nei modi e nei limiti stabiliti dalle leggi, alla gestione delle aziende.

Art. 47
La Repubblica incoraggia e tutela il risparmio in tutte le sue forme; disciplina, coordina e controlla l'esercizio del credito.

Favorisce l'accesso del risparmio popolare alla proprietà dell'abitazione, alla proprietà diretta coltivatrice e al diretto e indiretto investimento azionario nei grandi complessi produttivi del Paese.

Appendice

La nostra mente

Il computer più evoluto
La memoria: che cos'è e come funziona

La stanza dei bottoni!

Il cervello umano è un bio-computer di straordinaria potenza ed efficacia ed è la «sala di comando generale» in cui tutto ha origine e viene controllato.

L'uomo comunica con il mondo esterno e con le varie parti del corpo attraverso il sistema nervoso, formato da centinaia di milioni di cellule che rispondono agli stimoli esterni e fanno in modo che l'essere umano possa vedere, sentire, toccare, gustare e percepire.

Proprio per questi motivi è importante essere consapevoli del funzionamento del cervello, da quante parti è composto, di come comunicano fra loro e di quali sono i meccanismi principali da cui trae origine la sua illimitata potenzialità. Per conoscere nel dettaglio le tecniche di memoria e l'apprendimento efficace, infatti, è necessario sapere come «chiedersi di più» per ottenere risultati che a oggi non sono neanche immaginabili.

Come funziona il cervello

Il cervello, che mediamente non pesa più di un chilo e mezzo, fa parte del *sistema nervoso centrale* che, insieme con quello *periferico* e con quello *autonomo*, coordina tutto ciò che facciamo.

Le cellule cerebrali sono fondamentalmente di due tipi: i *neuroni*, che oltre a formare il sistema nervoso ricevono, integrano e trasmettono impulsi nervosi, e hanno generalmente una forma allungata, sottile, complessa; e le *cellule gliali* che nutrono e sostengono i neuroni e hanno un ruolo attivo nella trasmissione di impulsi nervosi.

I neuroni ricevono le informazioni attraverso strutture ramificate, i *dendriti*, che le raccolgono da fonti esterne, le trasformano in segnali elettrici e le inviano lungo una struttura filiforme, l'*assone*, capace di trasportarle per lunghe distanze. Questi segnali viaggiano alla velocità media di decine o centinaia di metri al secondo verso l'estremità periferica dell'assone. All'arrivo di un impulso, l'assone rilascia sostante chimiche, i *neurotrasmettitori*, che fissandosi sui *recettori sinaptici* attivano risposte eccitatorie o inibitorie.

Le strutture che permettono la comunicazione tra i neuroni, le *sinapsi*, sono gli elementi fondamentali per apprendere. Grazie alla loro forza, al numero e alla posizione si determinano i processi mentali, le abilità e le funzioni vitali, nonché l'individualità di ciascun essere umano.

Per dare un'idea dell'immensa complessità strutturale del cervello basti pensare che l'albero dendritico di un normale neurone è grande circa un quinto di millimetro e riceve fino a 200.000 informazioni sinaptiche da altri neuroni; ogni suo millimetro cubo contiene un miliardo di sinapsi e i neuroni sono organizzati in gruppi locali che svolgono funzioni complesse: udire un suono, memorizzare un'informazione, progettare un movimento oculare eccetera. Quindi il potenziale di apprendimento di ogni individuo è praticamente infinito.

Alla base del cervello c'è il *tronco encefalico*, costituito da strutture molto complesse e deputate a svolgere la maggior parte delle funzioni vitali. È sede dei riflessi e del controllo di molte viscere, dei centri che regolano il respiro, la temperatura corporea, il ritmo cardiaco, il ciclo del sonno e la digestione.

È collegato al *midollo spinale*, sede di integrazione delle informazioni, che avviene senza un nostro intervento volontario (per esempio, i riflessi di stiramento attivati ogni volta che il muscolo cambia la sua lunghezza, oppure il riflesso protettivo, cioè quello che ci fa ritrarre immediatamente il braccio se tocchiamo un oggetto rovente).

Fra i due emisferi celebrali e sopra il tronco encefalico c'è un'altra struttura del sistema nervoso centrale, l'*ipotalamo*, che svolge numerose funzioni, tra cui il rilascio degli ormoni sessuali e dello stress, la regolazione del comportamento sessuale, della fame, della sete, della temperatura corporea e dei cicli del sonno.

Le emozioni come la paura e la rabbia sono invece di competenza delle *amigdale*, aree cerebrali a forma di mandorla situate al di sopra delle orecchie, che innescano le reazioni istintive di sopravvivenza grazie alle quali gli animali decidono in un istante se fuggire da un pericolo o affrontarlo battendosi.

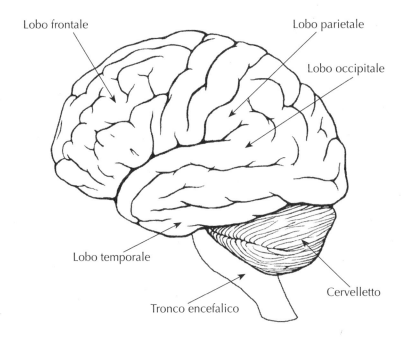

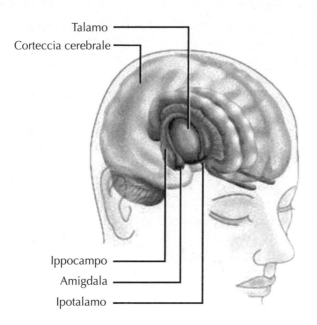

Talamo
Corteccia cerebrale
Ippocampo
Amigdala
Ipotalamo

Accanto c'è l'*ippocampo*, considerato quasi universalmente come sede della memoria. Tuttavia, il suo ruolo specifico in relazione a questa funzione psichica rimane tuttora oggetto di dibattiti. È noto però che archivia eventi e informazioni spaziali ed è necessario per la memoria a lungo termine.

Il *cervelletto* è un'ampia regione situata nella parte posteriore del cervello, integra le informazioni sensoriali contribuendo a guidare tutte le uscite motorie, coordina gli arti, gli occhi ed è responsabile dell'equilibrio.

Le informazioni sensoriali, che si ricevono tramite gli occhi, la pelle, le orecchie, la lingua, viaggiano sotto forma di impulsi elettrici fino al *talamo*, area posta al centro del cervello, che le filtra e le trasmette alla corteccia. La *corteccia cerebrale* è la parte più grande del cervello umano: da sola costituisce più dei tre quarti del suo peso e ne avvolge la sommità e i lati. Gli studiosi la dividono in sei parti chiamate *lobi*.

Il *lobo occipitale*, situato nella parte posteriore del cervello, è responsabile della funzione visiva.

I due *lobi temporali*, situati proprio sopra le orecchie, presiedono l'udito e includono la zona che comprende il linguaggio; sono in stretta relazione con le amigdale e l'ippocampo, e sono importanti per l'apprendimento, la memoria e le reazioni emotive.

I due *lobi parietali*, situati sui lati, ricevono informazioni sensoriali dalla pelle; inoltre collezionano i dati provenienti da tutti i sensi e stabiliscono a cosa prestare attenzione.

Il *lobo frontale* emette i comandi motori, contiene l'area che genera il linguaggio e si occupa di scegliere il comportamento adeguato a seconda degli obiettivi e dell'ambiente.

Come funziona la memoria

Le neuroscienze, discipline che studiano il funzionamento del cervello, hanno conosciuto un enorme sviluppo a partire dagli anni Settanta: anatomia, fisiologia, biochimica, psicologia, genetica molecolare, immunologia, biofisica e altre contribuiscono contemporaneamente alla comprensione delle basi neuronali coinvolte nelle funzioni «superiori» del cervello umano, che sono correlate alla definizione di intelligenza e apprendimento. La memoria, cioè la capacità del cervello di conservare informazioni, ne è una componente fondamentale.

Come abbiamo già visto, gli studiosi distinguono una «memoria a breve termine», quella utilizzata per ricordare un numero telefonico fino a quando lo si è digitato sulla tastiera del telefono, e una «memoria a lungo termine». Tutti i ricordi passano comunque nello spazio della memoria a breve termine prima di lasciare una traccia in quella a lungo termine, ma per far questo devono subire processi di consolidamento e di maturazione con il risultato, nell'uomo, di poter durare anche per molti anni. Come vengono impressi i ricordi nel cervello? Nonostante una conoscenza sempre più approfondita, diversi aspetti devono ancora essere chiariti. Si può comunque affermare che ogni ricordo è legato a un'associazione specifica, ma rimodellabile, di neuroni, che formano una rete neuronale.

La memoria non è un semplice magazzino in cui vengono stipati tutti i ricordi ma ha anche la funzione di rimodellare, conservare e creare nuove informazioni: il ricordo che si ha di un evento è, per ogni essere umano, intriso di significati, emozioni, espressioni e immagini che riflettono un personalissimo modo di interpretare e vivere quell'evento. Così la memoria non solo trattiene le percezioni, le azioni e i fini degli esseri umani, ma anche la totalità della sfera emotiva costituita da sentimenti, immaginazione e il percorso stesso del pensiero.

Facciamo qualche esempio per spiegare come gli studiosi classificano di solito la memoria.

Ché perder tempo, a chi più sa, più spiace.

Ricordare, o meglio, sapere che fu Dante a scrivere questa frase fa parte della *memoria semantica*.

Ricordare che questa era la frase che si era deciso di scrivere sugli inviti alle presentazioni del corso di apprendimento nel 2005 fa parte della *memoria episodica*, e più precisamente di quella *autobiografica* degli autori, che mentre scrivono possono battere rapidamente sui tasti, salvare file, chiudere cartelle di lavoro in modo rapido e automatico grazie alla *memoria procedurale*.

Se durante l'esecuzione di queste operazioni ci venisse in mente di dover fare una telefonata tra un'ora, entrerebbe in gioco la *memoria prospettica*, deputata al ricordo di qualcosa nel futuro.

Al momento di telefonare potrebbe essere necessario cercare il numero su Internet e ripeterlo a mente fino a comporlo; bisogna quindi conservarlo temporaneamente in una *memoria a breve termine* verbale. Mentre andiamo a prendere il cellulare, probabilmente compiamo altre azioni: questa possibilità di *multitasking* si deve alla *memoria di lavoro*.

Nel giro di pochi minuti abbiamo utilizzato vari «depositi» di memoria, ognuno dei quali fa capo a una precisa struttura nervosa.

La memoria non è certo un semplice magazzino, ma una struttura complessa, divisibile in sottocomponenti distinte alla base delle quali esiste un diverso circuito neurobiologico.

Tenere in forma la memoria

Da quando è stato possibile comprendere meglio l'organizzazione delle differenti forme di memoria e chiarire quali circuiti e strutture del cervello vi partecipano, si è compreso che il rimodellamento dei circuiti cerebrali, garantito dalla straordinaria plasticità delle cellule nervose è una componente chiave della formazione e dell'immagazzinamento dei ricordi. Tutto ciò si attua grazie alla *plasticità sinaptica* che è la capacità del *sistema nervoso* di modificare l'efficienza di funzionamento delle connessioni tra neuroni (sinapsi), di instaurarne di nuove e di eliminarne alcune. Questa proprietà permette al sistema nervoso di modificare la sua funzionalità e la sua struttura in modo più o meno duraturo, e in base agli eventi che lo influenzano, come, per esempio, l'esperienza.

Per questa ragione la plasticità sinaptica è la proprietà neurobiologica che sta alla base del fenomeno della memoria e degli eventi di apprendimento.

Inoltre sta alla base della capacità del sistema nervoso di cambiare in maniera più o meno efficace la propria struttura in seguito a lesioni traumatiche o patologiche. Eventi di plasticità sinaptica includono l'aumento o la riduzione dell'efficienza di trasmissione di una sinapsi come il *potenziamento a lungo termine.*

Il neurotrasmettitore (cioè, ricordiamo, la sostanza che veicola le informazioni fra i neuroni attraverso la trasmissione sinaptica) che risulta più coinvolto ed efficace nelle modificazioni sinaptiche è, nella maggior parte dei casi, il *glutammato.* Ma per avere un vero e proprio consolidamento del ricordo è necessario che nella sinapsi si attivino alcuni meccanismi genici e la sintesi di proteine specifiche che intervengono nel rimodellamento delle reti neuronali e assicurino la permanenza del ricordo.

Studi morfologici condotti con il microscopio elettronico hanno rivelato la traccia di profondi rimaneggiamenti delle reti neuronali dopo l'induzione della plasticità sinaptica: cambiamenti di forma e dimensione delle sinapsi, aumento delle superfici di contatto tra gli elementi pre e post sinaptici, trasformazioni di sinapsi da «silenti» in attive e crescita di nuove sinapsi.

È ormai noto che le immagini s'imprimono nella mente con particolare intensità: il pensiero funziona per immagini, dunque la memoria ha una componente visiva estremamente importante.

La mente lavora per associazioni di idee; da qui il principio della *memoria associativa*. L'intensità emotiva stimola in maniera potente l'attività neuronale perché è vitale il ricordo di un'esperienza «forte»; da qui la componente *creativa* ed *emotiva* della memoria.

Infine, se è vero come dice Maxwell Maltz nel suo famoso libro *Psico-cibernetica* che la mente non è in grado di distinguere un'esperienza realmente vissuta da una vividamente immaginata, la visualizzazione dettagliata e ricca di particolari delle associazioni di immagini può sfruttare la cosiddetta memoria episodica per creare a piacimento dei ricordi a cui accedere in qualunque momento.

Altri esercizi di lettura

Di seguito trovi altri esercizi di lettura se desideri cimentarti in una verifica finale delle tue capacità. Resterai stupito dai tuoi miglioramenti!

Il potere del focus

Se potessimo conoscere esattamente tutte le potenzialità della nostra mente, probabilmente resteremmo letteralmente sbalorditi.

Un giorno rimasi molto colpito da una riflessione letta su un libro di Antonino Zichichi. Parlava della colonizzazione avvenuta in America dalla scoperta di Colombo in poi. Una volta arrivati, gli europei trovarono indigeni, lontani anni luce dal livello di sviluppo e di conoscenze sia tecnologiche e scientifiche sia sociali che c'era in Europa.

Ma pensate che nel giro di un secolo gli indigeni riuscirono ad assimilare tutto quanto, anche nelle loro terre, dalle tecniche di coltivazione ai vestiti, dai trasporti alle armi eccetera.

La cosa che mi ha sbalordito è che nel giro di poche generazioni sono stati trasmessi e insegnati secoli di evoluzione dell'essere umano! Quindi è possibile evolvere a velocità enormi rispetto ciò cui siamo abituati. La domanda che mi sono posto è questa: e se non avessimo limiti? Se atterrasse da un giorno all'altro una razza aliena molto più evoluta di noi che ci insegnasse tutto quello che sa? Che salto potremmo fare? C'è da rimanere esterrefatti!

Ciò che penso è che per quanto riguarda l'apprendimento tutto è possibile, ma soprattutto facile! A volte bisogna uscire dagli schemi e dai pensieri ordinari, perché ci si può trovare al punto in cui bisogna cambiare strategia per riuscire a salire quel gradino in più e a fare il salto di qualità. A ognuno di noi è capitato di vivere forti miglioramenti che sono avvenuti anche a grande velocità, in certi periodi della nostra vita, in momenti di cambiamento, di trasformazione.

A volte si sceglie di investire su se stessi con un corso per migliorarsi, oppure ci si pone un obiettivo, una sfida che ci mette alla prova. Il livello di pensiero che si ha quando ci si pone di fronte a un «problema» non può essere quello che lo risolve. Bisogna fare il cosiddetto «salto di paradigma», diceva Einstein. E se ci pensiamo è proprio così.

A tutti noi sarà capitato almeno una volta di avere l'«illuminazione» nel momento in cui arriviamo a risolvere le nostre sfide di ogni giorno. Ecco, è proprio lì che ci si sente cresciuti, anche solo di un centimetro. Ed è anche il momento in cui alziamo i nostri standard.

Raggiunto uno step non si è più disposti a tornare indietro, si aggiunge ancora un gradino e si impara a evolvere ancora di più. E tutto questo non riguarda solo gli studenti, ma chiunque senta dentro di sé la voglia di imparare e di crescere.

Rimanendo focalizzati su ciò che si vuole ottenere, le soluzioni si presentano, magari dove meno ci aspettiamo di trovarle.

D'altronde «il maestro arriva quando l'allievo è pronto», e questo vuol dire che quando si ha voglia di ottenere risultati si è disposti a crearsi l'opportunità di imparare. E lo si fa con la gioia di chi desidera fare un salto di qualità. Il focus è, secondo me, la chiave più importante di chi abbia voglia di imparare e di ottenere risultati.

Concentrati su ciò che vogliamo, diventa facile trovare anche la strada.

Tempo di lettura: _____   **Parole del testo: 508**

I business più creativi del mondo

Chi pensa che per fare soldi sia necessario avere lauree e master dovrebbe leggere questo:

Hamilton, Canada

È il 2002 e quattro mamme in carriera, stanche di essere sempre alla ricerca dei cappottini, delle sciarpe, delle scarpe, degli zaini smarriti dai propri figli decidono di investire 10.000 dollari in un business che ben presto si dimostrerà milionario.

Le mamme inventano le «etichette permanenti» a prova di bambino.

Ogni madre può incidere il nome del proprio figlio sull'etichetta e poi applicarla su *qualsiasi* oggetto.

Le etichette infatti, sono resistenti alla lavatrice, alla lavastoviglie e anche al microonde.

A oggi il loro business comprende etichette per i bagagli, per le scarpe e i badge identificativi per indicare le intolleranze e le allergie dei bambini. Gli introiti stimati al 2009 sono 4.000.000 di dollari.

Zurigo, 1999

Samuel Liechti apre la sua nuova attività: BlackSocks.

In cosa consiste: Samuel calcola quante paia di calze vengano in media acquistate da una persona in un anno, ma soprattutto quanto tempo la stessa persona debba investire per comprarsi le calze.

E qui arriva il lampo di genio!

Apre la BlackSocks: calzini in abbonamento!

Ogni iscritto al servizio riceve più volte durante l'anno una fornitura di calzini di ogni genere: lunghi, corti, da sera, collant, sportivi, in cotone, in lana, in seta... per tutti i gusti e colori!

L'investimento del «Sockscriber» (l'abbonato al servizio) parte da un minimo di 89 dollari.

L'abbonato riceve inoltre un calcolo approssimativo delle ore risparmiate durante l'anno per comprare la propria fornitura di calze nei vari negozi (circa 12 ore l'anno, tre settimane in una vita intera).

L'azienda vanta più di 60.000 clienti in tutto il mondo, opera in 74 Paesi e nel 2009 il calcolo medio degli introiti era di 5.000.000 di dollari.

Tempo di lettura: _____

Parole del testo: 293

Panta rei

Eraclito sosteneva: «Tutto scorre».

Fondamentalmente il concetto è: tutto cambia, nulla rimane lo stesso, esattamente come il fiume che, pur avendo sempre il medesimo letto, ospita ogni istante acqua diversa. Allo stesso modo è l'uomo: la crescita, il cambiamento e l'evoluzione fanno parte di lui. È la natura a insegnarlo. Crescere è normale. Ogni cosa cresce perché la crescita è il mezzo che la natura ha donato per affrontare meglio gli eventi, per sopravvivere e anche per poter vivere meglio.

Lo sviluppo personale è il mezzo per evolversi, migliorarsi, per fare un salto di qualità. Confucio diceva: «Acquisisci nuove conoscenze, mentre rifletti sulle vecchie». Non credo in realtà che sia necessario scomodare Confucio per capire che il costante e continuo miglioramento siano la base del progresso. Solamente un inconsapevole, nel terzo millennio, non dedicherebbe molte delle sue energie per migliorarsi!

Al giorno d'oggi si possono trovare spunti di crescita ovunque: un buon libro, un corso, un video su Internet. Per chi vuole maturare le opportunità sono ovunque, basta cercarle! Se ogni azienda seria sceglie d'investire nella formazione dei suoi dipendenti, perché ognuno di noi non fa la stessa cosa con se stesso?

Credo fermamente che la ricerca del miglioramento dovrebbe diventare una consuetudine, qualcosa di scontato per l'uomo moderno. Vedo nella crescita personale la via di evoluzione più veloce per l'uomo. Crescere vuol dire condividere, orientare la propria attenzione alla soluzione dei problemi; vuol dire, in sostanza, esigere per se stessi il meglio. Significa scegliere di essere ogni giorno un po' più felice del giorno precedente.

Menandro diceva: «A lungo andare solo il capace ha fortuna». L'ho sempre trovata una frase estremamente affascinante! Ogni tanto si sentono persone che attribuiscono il successo degli altri al caso, alla buona sorte o alla fortuna. Sono convinto che un pensiero come questo tenda a deresponsabilizzare terribilmente chi non ottiene un risultato. Non voglio credere che il successo sia da attribuire alla fortuna! Preferisco pensarmi artefice della mia sorte e responsabile della mia vita! Preferisco credere che sarà la mia costante crescita a portarmi al raggiungimento dei miei obiettivi!

Ritengo che la vita sia più facile per chi sceglie di crescere! Lo dicevano anche i latini, in fondo: «*Homo faber fortunae suae*»! E noi, più di duemila anni dopo, non l'abbiamo ancora capito?

Tempo di lettura: _____   **Parole del testo: 384**

Sei modi per evitare le perdite di tempo

Le perdite di tempo sono nascoste ovunque...

Si celano dietro a innocue e-mail, si nascondono sotto a sms... piccoli attimi del nostro tempo dedicati ad attività parallele a quelle che svolgiamo quotidianamente che però possono farci perdere anche fino al 30% del nostro tempo.

Vi è mai capitato di: iniziare un lavoro, essere molto concentrati fino a che... arriva il classico suono di avviso: vi è arrivata una mail. E allora abbandonate ciò che state facendo e andate a leggerla, e la mail prevede una risposta, e la risposta la dovete sapere dal vostro collega o amico e quindi gli telefonate, e la telefonata dura 5 minuti, e poi rispondete alla mail, poi vi viene in mente un'altra cosa... e via dicendo.

E così se ne vanno ore e ore durante una giornata.

Ma allora, come fare? Non posso certo non rispondere alle e-mail! E nemmeno non telefonare più alla gente!

Infatti nessuno dice che non dobbiate fare tutte queste cose! Solo che è importante imparare a farle nel modo giusto! Vi faccio un esempio. Avete mai caricato il bagagliaio della vostra auto prima di partire per le vacanze estive? Cosa accade se buttate tutte le valigie alla rinfusa? Probabilmente non ci staranno. Ma se le inserite una alla volta, mettendole nel modo giusto, cercando di sfruttare tutti gli spazi disponibili allora... MAGIA! Ecco che le valigie improvvisamente entrano nel bagagliaio!

Stessa cosa con il vostro tempo. O meglio con voi stessi. Perché ciò che dovete realmente imparare non è *gestire il vostro tempo* ma piuttosto *gestire le vostre azioni*.

Se fate tutto in ordine casuale, senza logica e senza dare un minimo di priorità alle vostre mansioni potreste arrivare a fine giornata con l'amara sensazione di non aver fatto quasi niente o di aver iniziato cento cose ma non averne terminata nessuna.

Ecco allora 6 SOLUZIONI PER VOI:

1. SIEDITI ALLA SCRIVANIA E DEFINISCI I TUOI OBIETTIVI PER LA GIORNATA. Sii specifico. Non scrivere «organizzare le mie e-mail» ma piuttosto «spostare le mail più vecchie di un mese nel cestino, creare una cartella con le mail di lavoro». Più sarai specifico più sarà facile per te renderti conto a che punto sei con il raggiungimento dell'obiettivo e, una volta terminato, se lo avrai raggiunto al 100 per cento.

2. ASSEGNA A OGNI COMPITO DA SVOLGERE UNA PRIORITÀ CHE DETER-MINI L'ORDINE DI SVOLGIMENTO. Decidi cosa vuoi fare come prima cosa. Dai un ordine. In questo modo sarà più semplice capire cosa è necessario fare e cosa invece non è urgente.

3. DETERMINA UNA TEMPISTICA. Accanto a ogni cosa da fare scrivi il tempo che VUOI impiegare per farla. Sii realista però!
Controllare il blog: 15 minuti.

4. ELIMINA LE DISTRAZIONI. Questa è probabilmente la fase più importante. Metti il telefono silenzioso, stacca Internet se non è necessario, rimuovi le notifiche di e-mail, sms e quant'altro... *Possono aspettare per 15 minuti.*
Stabilisci nella tua tabella di marcia un tempo prefissato per leggere mail o sms e per richiamare eventuali chiamate perse. Più sarai concentrato, meno tempo ci metterai a fare ciò che devi fare. Vedrai. Ti stupirai a scoprire che eliminando quelle distrazioni il tempo sarà molto minore a quello che ti sei pre-fissato all'inizio!

5. USA UN TIMER. Hai presente quelli da cucina? Ecco, usa uno di quelli. Fallo partire e inizia da subito a concentrarti al massimo. Quando si hanno termini e scadenze si tende a essere più concentrati.

6. CONCEDITI UNA PAUSA. Inserisci all'interno della tua tabella una pausa. Ma non una di quelle pause-sigaretta rosicchiate mentre il PC scarica un programma, con un piede già dentro la porta dell'uf-ficio. Concediti una vera pausa. Senza pensare o parlare di lavoro. Questo è il tuo momento. Goditelo.

Tempo di lettura: _____   **Parole del testo: 626**

Come imparare a comunicare

Spesso, quando si parla con qualcuno – sia che si tratti di persone legate al lavoro, amici, conoscenti o famigliari – alla fine della conversazione capita di pensare: Avrà capito quello che volevo dire? o meglio: Sarò riuscito a far capire ciò che pensavo? Avrò trasmesso esattamente quello che volevo a quella persona o sarò stato frainteso?

Sono sicuro che sarà capitato a molti, almeno una volta, di discutere o litigare con qualcuno semplicemente per la difficoltà di capire l'altra persona: e non per una reale differenza di punti di vista o distinte opinioni, ma proprio per aver capito male o frainteso il messaggio che si voleva mandare!

Capita poi di sentire parlare alcuni personaggi, magari del mondo dello spettacolo, come presentatori e giornalisti, e comprendere immediatamente un fraintendimento riguardo il senso di ciò che volevano in quel momento comunicare.

E allora la domanda da porsi riguarda il modo giusto di apprendere, non solo un'ottima proprietà di linguaggio (dovuta spesso agli studi effettuati, alla lettura e a una cultura medio-alta), ma proprio dove poter imparare a comunicare bene e in modo efficace – che significa riuscire a trasmettere esattamente il messaggio che si vuole, con l'impatto emotivo e il significato che si è pensato.

Al giorno d'oggi in Italia i luoghi dove imparare a comunicare meglio sono molti. Tantissime sono le società che si occupano di comunicazione efficace. Molte aziende, professionisti e studenti hanno già deciso di partecipare a seminari sull'argomento, o magari di usufruire dei consigli di un consulente esperto per poter migliorare in un'area così determinante.

Queste persone hanno ormai capito che ognuno di noi vive nell'impossibilità di non comunicare e che la capacità di farlo efficacemente crea una grande differenza nei risultati personali e professionali.

Tempo di lettura: _____   **Parole del testo: 288**

Dieci idee per far valere ogni secondo della giornata

Vi è mai capitato di avere una giornata molto densa di impegni e, trovandovi la sera a fare il resoconto di quello che avreste voluto fare, rendervi conto di aver perso un sacco di tempo?

A me capitava, se andavo in alcuni luoghi ad alta frequentazione – tipo la posta o dal medico, in cui sapevo quando entravo ed era una scommessa l'ora di uscita – di ritrovarmi in sala d'attesa a sbuffare guardando l'orologio, con un profondo senso di nervosismo addosso come per dire: Io sono una persona impegnata, non posso perdere tempo in questo modo!

Poi un giorno, leggendo un libro, l'autore mi ha colpito affermando che «se una persona è davvero impegnata, dovrebbe avere sempre qualcosa da fare e dovrebbe trovare il modo di uccidere i tempi morti».

Chiusi il libro e mi soffermai a pensare a quanto fosse vera quest'affermazione, e mi misi a cercare dei modi per riempire quei buchi di tempo... Ecco a voi la top ten dei modi per non perdere tempo!

1. AVERE SEMPRE UN LIBRO DA LEGGERE. Ciascuno di noi ha il suo libro accanto al comodino, che si ripropone di leggere ogni sera prima di addormentarsi, ma quasi sempre la stanchezza ha la meglio e il libro rimane a prendere polvere... Io me ne porto sempre dietro uno, lo tengo nella borsa del computer o in macchina, e mentre aspetto l'orario di un appuntamento o mentre sono in coda nel traffico, mi faccio tenere compagnia dal mio autore preferito.

2. FARE DELLE CHIAMATE DI PIACERE. Mi sono scritto in fondo all'agenda un elenco di persone che non sento mai per motivi di tempo, ma ogni volta che penso a loro mi dico: Cavolo, dovrei proprio chiamarle! Così investo i momenti di attesa per sapere come stanno, cosa fanno, raccontare loro le mie novità, e queste telefonate sono sempre dieci minuti di piacere per me e per le persone che risento!

3. ASCOLTARE MUSICA. Provo davvero piacere ogni tanto a prendermi del tempo per ascoltare la musica che mi piace. Mi permette di rilassarmi e di ritagliarmi un piccolo spazio tutto mio, così nella confusione di una sala d'attesa, dove passano molte persone, riesco a estraniarmi e a ricaricarmi per il resto della giornata.

4. FARE CRUCIVERBA O SUDOKU. Ci lamentiamo spesso che la nostra mente non è più veloce come un tempo. Allora perché non tenerla

allenata? I giochi di logica sono un ottimo modo per farlo, esercitandosi con i cruciverba possiamo anche migliorare la nostra cultura generale!

5. ORGANIZZARE LA PROPRIA SETTIMANA. Prendere l'agenda e capire quali sono i nostri impegni e in che momento svolgerli al meglio per evitare di avere altri momenti morti è una maniera perfetta per prevenire gli sprechi di tempo!

6. FARE STRETCHING. Ovviamente non è una cosa che si può fare ovunque e in qualunque momento ma, per esempio, mentre si è fermi in macchina, niente ci vieta di «stirare» le spalle, la schiena e il collo.

7. SCRIVERE MAIL, LEGGERE LE NEWS DAL MONDO SU INTERNET. I cellulari con Internet spopolano, come i minicomputer leggerissimi che non occupano spazio. Se ne possiedi uno puoi dedicare del tempo a inviare una mail prima di dimenticartene, oppure condividere quel link che speri porti fortuna a te e ai tuoi amici, o perché no, leggere una recensione di un film che poi guarderai la sera a casa...

8. FARE AMICIZIA CON QUALCUNO. Proprio perché siamo nell'epoca dei computer, parlare con le persone che sono accanto a noi ma che non conosciamo è sempre meno frequente. A volte però può essere piacevole dedicarsi a una chiacchierata frivola con una nuova persona appena conosciuta.

9. VISUALIZZARE o, detto in altro modo, SOGNARE A OCCHI APERTI. Quando ero piccolo ogni momento era buono per pensare a cosa avrei fatto da grande o per fantasticare su mille avventure con i miei amici. Restavo perso nei miei sogni per moltissimo tempo. Da quando sono «diventato grande» il tempo per sognare è passato in secondo piano e spesso tutti noi facciamo le cose che *dobbiamo* fare: non c'è spazio per le illusioni. Io credo invece che passare del tempo a visualizzare e a desiderare ciò che vogliamo davvero nel nostro futuro, vederlo concretamente come se fosse già realizzato, non sia assolutamente tempo perso, ma anzi tempo meravigliosamente investito!

10. LEGGERE UN QUOTIDIANO. Essere informati su ciò che succede nel nostro Paese o in quelli vicini è molto importante! La lettura di un quotidiano per tante persone è un lusso proprio perché implica la necessità di dedicarvi molto tempo. Magari non riuscirete a

leggerlo tutto ma sicuramente durante l'attesa potrete sapere i fatti principali avvenuti nel mondo o informarvi su com'è andata la partita della vostra squadra preferita!

Winston Churchill diceva: «Ci sono tre grandi cose: gli oceani, le montagne e una persona impegnata», e credo sia davvero importante far valere ogni secondo del nostro tempo!

Tempo di lettura: _____   **Parole del testo: 814**

La clownterapia
Tratto dal blog formazionepertutti.blogspot.com

La clownterapia moderna ha come «padre» il dottor Adams (reso celebre dal film *Patch Adams* che vede come protagonista Robin Williams), il quale elaborò la teoria del sorriso contemporaneamente ai suoi studi in medicina.

Cominciò ad applicarla su un «campione» di pazienti in ospedale, iniziando a far loro visita travestito da clown e riscontrando immediatamente i benefici di questo suo nuovo «metodo».

Il suo sogno però, era molto più ambizioso: creare una struttura ospedaliera che fornisse cure gratuite a tutti coloro i quali non avessero l'assistenza sanitaria (che, come è risaputo, negli Stati Uniti è a pagamento).

Nel 1981, «Patch» inizia a costruire il suo sogno. Aiutato da alcuni tra i suoi più cari amici e compagni di studi, apre il Gensundheit Institute in Virginia, che in futuro si trasformerà in una clinica dove i pazienti vengono curati gratuitamente e ricorrendo, oltre ai farmaci tradizionali, anche alla terapia del sorriso.

A causa di un'inesattezza riportata nel film a lui dedicato, l'istituto incontra diverse difficoltà a raccogliere fondi per poter terminare il progetto. Infatti nel film, il Gensundheit viene presentato come una clinica gratuita fatta e finita. La realtà purtroppo è diversa, ma Patch e il suo staff di volontari riescono a superare questo momento grazie anche ai numerosi progetti promossi come programmi di volontariato, *spring-break* alternativi, programmi di insegnamento e raccolte di fondi.

Ma non è finita. Infatti il loro progetto continua ancora oggi, con la prospettiva di essere sempre più presenti per un numero sempre maggiore di persone. Sul sito infatti potete trovare molte iniziative promosse dal dottor Adams e tutte le indicazioni per chi volesse aderire.

I benefici della risata sono numerosissimi, soprattutto in un contesto ospedaliero dove i malati si sentono spesso soli, tristi, in un luogo poco familiare.

La gelotogia infatti, è una disciplina che studia come la risata, il buonumore e il pensiero positivo possano influenzare positivamente il nostro corpo. Analizzando il rapporto tra sorriso, riso e sistema immunitario, sono state riscontrate molteplici correlazioni. Ridere ha un effetto immediato sul sistema respiratorio e su quello muscolare. Attiva infatti un fenomeno di purificazione e liberazione delle vie respiratorie superiori. La risata ha la capacità di far cessare una crisi d'asma e di migliorare l'insufficienza respiratoria. L'aumento degli scambi polmonari tende ad abbassare il tasso di grasso nel sangue, creando un effetto benefico sul tasso di colesterolo.

Ridere contrasta la debolezza fisica e mentale, calma il dolore distogliendo temporaneamente l'attenzione da esso, e quando il dolore si ripresenta risulta meno intenso.

Le emozioni positive sono una «cura» contro l'ansia, lo stress, la paura, l'insonnia e il dolore.

Soprattutto nei piccoli pazienti il sorriso e la risata risultano quasi fondamentali. I bambini infatti riescono a reagire con più forza alla malattia, ad affrontare esami alle volte invasivi e dolorosi con coraggio e uno spirito più positivo.

I clown-dottori hanno un ruolo benefico sotto molti aspetti. Essi infatti riescono non solo a migliorare le condizioni fisiche dei propri pazienti, ma hanno la capacità di creare relazioni più profonde, più serene e positive tra il personale ospedaliero proprio perché la risata, l'entusiasmo e la passione sono contagiosi!

Alla Health & Science University dell'Oregon gli ammalati sono accuditi da infermieri del sorriso. Al St. Joseph Hospital di Houston, in Texas, gli ammalati sono accuditi da suore umoriste. A Los Angeles e a New York viene praticata la terapia del ridere.

In Italia purtroppo siamo rimasti un po' indietro. La clownterapia è diffusa ma non come potrebbe esserlo.

È ammirevole la voglia di questi volontari di fare del sorriso una «missione».

Nel proprio piccolo è importante cercare di dare un contributo, sia a livello di beneficenza sia personale. Tenete nel portaoggetti della macchina un fantastico naso rosso da sfruttare in ogni occasione, soprattutto nelle lunghe code in auto... l'effetto-risata è garantito!

Tempo di lettura: _____   **Parole del testo: 624**

Verifica i tuoi progressi

Di seguito ti proponiamo alcuni testi da leggere e le relative domande per misurare il tuo rendimento. Esercitati e valuta i tuoi miglioramenti.

Il linguaggio del corpo

1. I livelli della comunicazione

Paul Watzlawick fu uno psicologo e filosofo austriaco, naturalizzato statunitense, nonché grande esponente della Scuola di Palo Alto, che, dopo molti studi, affermò che: *Non si può non comunicare.*

Questa sua celebre frase chiarisce che ognuno di noi, in quanto essere umano, dedica il 100 per cento del proprio tempo a comunicare, ma anche che molto spesso non ci rendiamo conto del vero processo di comunicazione. Il più delle volte, infatti, tendiamo a manifestare una certa ambiguità e il messaggio può essere soggetto a molteplici interpretazioni. Ciò avviene poiché non è chiaro che la comunicazione supera il significato letterale delle parole espresse, proprio perché è molto più profonda.

Si può affermare che la nostra comunicazione non risiede soltanto nelle parole che usiamo. Essa si struttura infatti in tre distinti livelli:

- Comunicazione verbale.
- Comunicazione paraverbale.
- Comunicazione non verbale.

1.1. Comunicazione verbale

L'elemento costitutivo più importante è il linguaggio; è proprio attraverso di esso che mostriamo agli altri la nostra visione del mondo, condividendo esperienze comuni, e traducendola in parole e predicati.

Con il termine «comunicazione verbale» si intendono quindi i termini scelti e utilizzati per delineare la nostra visione della realtà esterna.

Ogni persona percepisce il mondo in maniera soggettiva e lo descrive agli altri attraverso il linguaggio. La scelta dei termini utilizzati può chiarire meglio la rappresentazione interna di ciò che si sta descrivendo, ma al tempo stesso può anche creare ambiguità sui significati associati a ogni singola parola.

La decisione di quale termine utilizzare influenza il risultato della comunicazione.

Ma nella realtà, nonostante pochi ne siano consapevoli, le parole sono solo una componente della comunicazione, poiché la fase più importante riguarda il modo in cui vengono dette, la gestualità associata a esse, ma soprattutto la congruenza tra ogni livello.

1.2. Comunicazione paraverbale

Quando si parla di «paraverbale» si intendono tutti i segnali che vengono emessi dai nostri organi di senso e che poi vengono inconsciamente decodificati dagli interlocutori al fine di attribuire significato alle nostre parole.

Ciò di cui stiamo parlando costituisce un vero e proprio «codice», che riguarda in particolare alcune caratteristiche della voce e altre del linguaggio.

Riferendosi alla voce si possono analizzare:

1. *Il registro*: va da un suono grave e profondo, a uno alto e vigoroso.
2. *Il volume*: qui si calcola la proporzione di aria emessa dai polmoni.
3. *Il timbro*: può includere una voce monotona o variata.
4. *La nasalizzazione*: con essa ci riferiamo alla quantità di aria che, una volta emessa, passa in maniera preponderante dal naso.

Riguardo al linguaggio:

1. *La dizione*.
2. *La cadenza*: consiste nella lentezza o nella velocità che usiamo per parlare.
3. *L'affettazione*: con la quale attribuiamo un determinato valore, sia superficiale che profondo, ad alcune parole.

4. *La modulazione*: il ritmo che usiamo nell'enunciare alcune parole o espressioni.

1.3. Comunicazione non verbale

Quando parliamo di «comunicazione non verbale» ci riferiamo a tutte quelle informazioni che vengono emesse dal corpo e come esso viene usato per esprimere le proprie intenzioni.

Come alcuni di voi già sapranno, l'individuo esprime la propria personalità servendosi del corpo, anche se generalmente il soggetto non si rende conto del rapporto che intercorre tra i messaggi emessi dal suo corpo e le reazioni di coloro con i quali si confronta.

La gestualità, la postura e la gestione dello spazio (movimenti) sono tutte componenti fondamentali della nostra comunicazione e spesso «parlano» molto di più delle parole stesse.

Il professor Albert Mehrabian, psicologo statunitense di origine armena e attualmente docente presso la prestigiosa UCLA, nel 1967 divenne famoso grazie a uno studio in cui evidenziava come, nei primi minuti di conoscenza, tra due individui il livello della comunicazione più importante fosse quello non verbale, con una percentuale pari al 55 per cento. La componente paraverbale inciderebbe sul risultato della comunicazione e sull'opinione dell'interlocutore per il 38 per cento e quella verbale solo per il 7 per cento.

Ovviamente, con l'avanzare del tempo e della conversazione le parole che vengono dette aumentano considerevolmente il proprio valore, anche se, secondo Ray Birdwhistell (1918-1994), antropologo statunitense, non superano mai il 35 per cento del valore totale della conversazione.

Risulta quindi estremamente interessante pensare a quanta importanza ha, come già vi abbiamo fatto notare in precedenza, la congruenza tra tutti i livelli della nostra comunicazione.

Dopo queste prime, veloci, descrizioni è chiaro che utilizzare al meglio e saper comprendere il linguaggio non verbale può essere determinante all'interno di qualsiasi comunicazione.

Andiamo quindi a scoprire e ad analizzare i segnali.

2. I segnali della comunicazione non verbale

Ray Birdwhistell sosteneva che «tutti i movimenti del corpo hanno un senso, non essendo casuali».

Ognuno di questi movimenti viene quindi codificato e interpretato. Durante una comunicazione si possono descrivere, in particolare, tre tipi di segnali subliminali, i quali manifestano: tensione, gradimento e rifiuto.

2.1. Segnali subliminali

2.1.1. Tensione

Questo genere di segnali avviene per la necessità di sfogare attraverso il corpo stress o tensione emotiva.

All'interno di questa «famiglia» troviamo i cosiddetti *grattamenti* e *tutto ciò che non ha a che fare nello specifico con la conversazione o con l'attività svolta* in quel preciso momento. Per esempio, giocherellare con una penna mentre si parla con il proprio interlocutore è un segnale di tensione, poiché il giocherellare non ha a che fare con l'argomento di cui si sta parlando.

Ecco alcuni esempi di segnali di tensione:

- Pruriti o grattamenti sulla fronte, sul viso, vicino alla bocca o al naso, pressione sulle narici, grattamento verticale del naso o sul collo, sulle braccia o spalle, polsi eccetera.
- Variazioni continue di postura.
- Dondolii.
- Accavallamento e scavallamento continuo delle gambe oppure incrociare e disincrociare continuamente le braccia.
- Contrazione dei muscoli del volto.
- Deglutizione salivare ripetuta.
- Irrigidimento mascellare.
- Fuga dello sguardo.
- Riduzione del tono della voce.

2.1.2. Rifiuto

In generale sono segnali di rifiuto tutti gli *allontanamenti*, cioè allontanarsi fisicamente da qualcosa o qualcuno, oppure allontanarli da sé.

Per esempio, se si inizia una discussione fastidiosa a tavola, sarà molto facile vedere qualcuno allontanare inconsciamente da sé il bicchiere, il sale o le posate. Questo gesto ha come chiaro significato la voglia di allontanarsi da qualcosa che si rifiuta, come la conversazione in corso o anche una persona o un'attività sgradita.

Per chiarire meglio questo genere di gesti basta pensare all'atto di allontanare con la mano o con il braccio qualcuno di sgradito.

Alcuni esempi di segnali di rifiuto:

- Allontanamenti del corpo.
- Allontanamento di oggetti.
- Tronco o capo all'indietro.
- Spolverare o spazzar via.
- Spolverarsi.
- Gambe accavallate o braccia conserte (segnali di chiusura).

2.1.3. Gradimento

All'interno dei segnali subliminali di gradimento si possono elencare, per prima cosa, tutti i vari tipi di *avvicinamenti*, cioè avvicinarsi fisicamente a qualcosa o a qualcuno oppure avvicinarli a sé.

Oltre agli avvicinamenti sono da notare anche tutta una serie di segnali che riguardano le labbra e la bocca, come passare la lingua sulle labbra o inserire un oggetto (per esempio una penna nella bocca).

Alcuni esempi di segnali di gradimento:

- Avvicinamento del corpo.
- Avvicinamento di oggetti.
- Toccare la mano, il braccio o gli oggetti del proprio interlocutore.
- Bacio analogico (labbra arricciate e protese verso l'esterno).
- Pressione della lingua sulla parte interna della guancia.
- Leccare le labbra.
- Far sporgere la punta della lingua dalle labbra.
- Mordicchiamento delle labbra.
- Suzione di un oggetto.
- Variazioni posturali in avanti.
- Allargare gambe o braccia.

2.1.4. LA REGOLA DEL TRE!

Al fine di una migliore interpretazione, ogni singolo gesto dovrà essere collocato in un contesto più ampio, nella totale gestualità della persona. Troppo spesso accade di generalizzare un singolo movimento e associargli un significato.

La regola del tre indica l'esigenza di notare nell'interlocutore tre segnali subliminali dello stesso tipo prima di giudicare il suo linguaggio non verbale. Se una persona, mentre mi parla del suo lavoro, si gratta un braccio, non giudicherò questo segnale come tensione, a meno che di lì a breve, sullo stesso argomento, non mi dia altri due segnali di tensione.

In questo modo si avrà la certezza di aver «letto» al meglio il comportamento dell'altra persona e di non aver preso una cantonata.

3. La gestione dello spazio

Ogni persona, così come accade anche nel regno animale, si veste di uno speciale scudo protettivo rappresentato da uno spazio ben definito attorno al proprio corpo. È uno spazio che ci fa sentire protetti e che vogliamo difendere, per natura, dall'intrusione di ospiti indesiderati.

3.1. La prossemica

Attorno a questo affascinante argomento si è addirittura sviluppata una disciplina, la «prossemica» (dal latino *proximus*, che significa vicinissimo, prossimo), che si occupa del modo in cui l'uomo usa lo spazio attorno a sé, di come reagisce a esso, e di come usandolo può comunicare certi messaggi in linguaggio non verbale.

A proposito di questo si individuano quattro zone principali:

- Zona intima.
- Zona personale.
- Zona sociale.
- Zona pubblica.

Zona intima: si estende all'incirca dai 20 ai 50 centimetri, distanza alla quale possiamo arrivare con le mani, tenendo i gomiti vicino al corpo. È la distanza entro cui si mantiene una persona con la quale abbiamo confidenza. A questa distanza è infatti possibile udire le parole pronunciate a voce bassa, avvertire l'odore del nostro interlocutore e percepirne la variazione del respiro e del colore della pelle.

Zona personale: si estende dai 50 ai 120 centimetri, corrispondenti a un braccio disteso. È una distanza che caratterizza i rapporti di conoscenza: è possibile avvertire un tono di voce moderato, le variazioni del respiro e del colorito della pelle; le espressioni del viso diventano più importanti e non si è più in grado di distinguere gli odori. Il profumo può essere usato come mezzo per invadere la zona altrui anche se si mantiene una distanza perfetta. Per questo motivo è sconsigliato un uso esagerato di profumo, soprattutto durante appuntamenti di lavoro, in quanto potrebbe essere un gesto sgradito e il nostro interlocutore potrebbe «inspiegabilmente» sentirsi violato nel suo spazio personale, e comunque potrebbe distrarre l'attenzione e spostare il focus dall'argomento principale.

Zona sociale: raggiunge i 240 centimetri di distanza. È la zona della neutralità affettiva ed emozionale, genericamente quella riservata ai rapporti di lavoro. A questo punto non è più possibile toccarsi e distinguere tutti i particolari come nei due casi precedenti; la voce, i gesti e le espressioni devono diventare più evidenti, lo sguardo acquisisce più importanza perché è l'unico tipo di contatto che si può instaurare, quindi è meglio non distoglierlo dal nostro interlocutore perché farlo significherebbe escluderlo dalla conversazione.

Zona pubblica: va dai 240 centimetri fino agli 8 metri circa. Generalmente oltre a questa distanza non esiste un rapporto diretto tra le persone. Può essere il caso di un professore che parla a un gruppo di studenti, un attore che parla a una platea o un politico che tiene un discorso. In queste situazioni, se si vuole essere efficaci, è necessario accentuare ogni singola caratteristica della comunicazione verbale e non verbale.

Tempo di lettura: _____   **Parole del testo: 1.823**

Domande

1. Di quale università fu esponente Paul Watzlawick?
   a) Università della Pennsylvania
   b) Scuola di Palo Alto
   c) Stanford
   d) Harvard

2. Quali sono i tre tipi di comunicazione?

_____

_____

_____

_____

_____

3. In quale percentuale incide la componente non verbale nei primi minuti di una comunicazione?
   a. 55 per cento
   b. 24 per cento
   c. 38 per cento
   d. 7 per cento

4. Quali sono le caratteristiche della voce e del linguaggio che determinano la comunicazione paraverbale?

_____

_____

_____

_____

_____

5. Cos'è la nasalizzazione?

_____

_____

_____

_____

_____

6. Quali sono i tre segnali subliminali della comunicazione non verbale?

_____

_____

_____

_____

_____

7. Quali sono le modalità con cui si esprime il gradimento?

_____

_____

_____

_____

8. Cos'è la regola del tre e perché è importante?

_____

_____

_____

_____

_____

9. Cos'è la prossemica?

_____

_____

_____

_____

_____

10. Quali sono le zone della prossemica e per quanti centimetri si estendono?

_____

_____

_____

_____

_____

Risposte e punteggi

1. b. Scuola di Palo Alto. **(5 punti)**
2. Comunicazione verbale, non verbale e paraverbale. **(5 punti)**
3. a. 55 per cento. **(5 punti)**
4. Caratteristiche della voce: registro, volume, timbro e nasalizzazione.

Caratteristiche del linguaggio: dizione, cadenza, affettazione e modulazione. **(15 punti)**

5. La nasalizzazione è la quantità di aria che, dopo essere stata emessa, passa in maniera preponderante dal naso. **(10 punti)**

6. Tensione, rifiuto e gradimento. **(10 punti)**

7. Avvicinamento del corpo, avvicinamento di oggetti, toccare la mano, il braccio o gli oggetti del proprio interlocutore, bacio analogico, pressione della lingua sulla parte interna della guancia, leccare le labbra, far sporgere la punta della lingua, mordicchiamento delle labbra, suzione di un oggetto, variazioni posturali in avanti, allargare gambe o braccia. **(15 punti)**

8. La regola del tre indica l'esigenza di notare nell'interlocutore tre segnali subliminali dello stesso tipo prima di giudicare il suo linguaggio non verbale. In questo modo si avrà la certezza di aver «letto» al meglio il comportamento dell'altra persona e di non aver preso una cantonata. **(10 punti)**

9. È la disciplina che si occupa del modo in cui l'uomo usa lo spazio attorno a sé, di come reagisce a esso, e di come, usandolo, può comunicare certi messaggi in linguaggio non verbale. **(10 punti)**

10. Zona intima 20-50 cm. Zona personale 50-120 cm. Zona sociale fino a 240 cm. Zona pubblica da 240 cm fino a 8 metri. **(15 punti)**

C = _____

PAM = Parole del testo per 60 / Tempo di lettura in secondi =

_____

R = PAM per C / 100 _____

Rita Levi-Montalcini

Rita Levi-Montalcini ha compiuto cento anni il 22 aprile 2009 ed è stata proclamata senatrice a vita nel 2001 dall'allora presidente della Repubblica, Carlo Azeglio Ciampi.

La sua vita è sempre stata dedicata alla ricerca, come spiega lei stessa nella sua autobiografia, *Elogio dell'imperfezione*, pubblicata nel 1987. Il libro è una sorta di bilancio del suo operato, al quale viene lasciato molto spazio, perché è su questo che si è basata la sua esistenza.

Già il titolo si riferisce proprio agli studi portati avanti dalla scienziata: «L'imperfezione ha da sempre consentito continue mutazioni di quel meraviglioso quanto mai imperfetto meccanismo che è il cervello dell'uomo. Ritengo che l'imperfezione sia più consona alla natura umana che non la perfezione».

Tutti noi, al solo nominarla, rivediamo la sua immagine: capelli bianchi (come se non fosse mai stata giovane) e ondulati, sempre elegante, dai modi raffinati e dolci, con piccoli gioielli antichi e magari un pizzo leggero che spunta dalle maniche. Una donna d'altri tempi, si direbbe, eppure al passo con i nostri.

Sono stati cento anni non facili i suoi: il padre, d'idee tradizionaliste e contrario all'emancipazione femminile, convinto che il ruolo della donna fosse quello di madre di famiglia, non condivideva la sua decisione di iscriversi a medicina e fu proprio questa chiusura nei confronti delle opportunità femminili a spingerla a dedicarsi ad altro che non fossero i ruoli prestabiliti.

Poi, dopo la laurea, conseguita nel 1936, arrivò la guerra e Rita fu costretta dalle leggi razziali del regime fascista, in quanto ebrea sefardita, a emigrare in Belgio con Giuseppe Levi, già suo professore alla facoltà di Torino. Non interruppe mai le ricerche, che continuò dapprima come ospite nell'istituto di neurologia dell'Università di Bruxelles e poi, rientrata a Torino, in un laboratorio casalingo.

Il periodo in Belgio non fu l'unico passato lontano dall'Italia. Infatti, dopo alcuni anni trascorsi in patria, nell'astigiano e a Firenze per nascondersi al nazismo, finita la guerra partì per gli Stati Uniti, convinta di restarci pochi mesi. Divenne invece docente del corso di neurobiologia alla Washington University di Saint Louis, nel Missouri, da dove tornò solo nel 1977, dopo un breve periodo passato in Brasile.

Ma la scienziata ha dichiarato a *Che tempo che fa*, in un'intervista con Fabio Fazio andata in onda per il compleanno della professoressa, di non aver mai avuto paura. «La mia vita è stata fortunata: la paura non so dove stia di casa. Io ho la forte tendenza a vedere con ottimismo tutto, anche cose che non lo sono, persino il fatto di essere stata dichiarata razza inferiore.» Se non fosse stato per quello, ha detto, forse non avrebbe trovato la sua vera vocazione: la ricerca più pura.

Sono cento anni densi di attività e ricchi di onorificenze che, oltre al premio Nobel, la vedono insignita di molti altri riconoscimenti; viene proclamata senatrice a vita, fonda associazioni e collabora con altre. A Roma, per esempio, crea l'EBRI, istituto dedicato alle neuroscienze. È importante anche ricordare la Fondazione Levi-Montalcini, istituita nel 1992 con la sorella gemella Paola, scomparsa nel 2000. Tale fondazione è a tutt'oggi impegnata nei Paesi africani per la difesa delle donne, per aiutare l'alfabetizzazione dei giovani, e conferisce borse di studio a livello universitario.

La professoressa, cui tra l'altro sono state conferite numerose lauree *honoris causa*, ha pubblicato oltre all'autobiografia già citata e ai vari saggi di impronta più prettamente scientifica, diversi libri utili a capire l'importante apporto, non solo a livello della ricerca, che questa grande donna ha dato al mondo.

Per esempio, *L'asso nella manica a brandelli* è un saggio del 1998 sulla vecchiaia e su come affrontarla serenamente partendo da considerazioni scientifiche che dimostrano come il cervello assuma con gli anni nuove capacità. *Le tue antenate. Donne pioniere nella società e nella scienza dall'antichità ai giorni nostri*, del 2008, contiene una serie di ritratti di donne-modello, esempi straordinari per le adolescenti spaesate tra «velinismo» e paure. Sulla stessa linea si pone *Il tuo futuro*, del 1993, e altri libri pensati per aiutare i giovani nel difficile percorso della crescita.

Altro argomento caro a Rita Levi-Montalcini è quello delle donne nel continente nero, di cui si occupa già la sua associazione e sul quale ci invita a riflettere con *Eva era africana* (2005).

Infine è giusto ricordare il libro dedicato alla sorella Paola, *Un universo inquieto. Vita e opere di Paola Levi-Montalcini*, uscito nel 2001.

Il Nobel

Il premio Nobel per la medicina che Rita Levi-Montalcini ha ricevuto nel 1986 con il biochimico statunitense Stanley Cohen è stato un grande riconoscimento. La motivazione recita: «Per la scoperta dei 'fattori di crescita' del sistema nervoso». Ma è arrivato con più di vent'anni di ritardo. Di questo però la scienziata si è detta grata, perché se è vero che oltre al riconoscimento il Nobel porta dei vantaggi, come i finanziamenti necessari alla ricerca e ad altre iniziative, è anche vero che comporta diversi svantaggi, quali impegni, interviste e inaugurazioni, che le avrebbero tolto il tempo necessario per affinare le sue ricerche.

L'NGF (Nerve Growth Factor), ovvero il fattore di crescita al centro della sua scoperta, è un fattore specifico che determina la crescita dei neuroni. La sua esistenza fu dimostrata nel dicembre del 1952 a Rio de Janeiro, mescolando cellule nervose e cellule tumorali, dopo anni di osservazione degli embrioni di pollo, cui la professoressa è molto «legata».

Ma cos'è l'NGF in termini che anche noi comuni mortali possiamo comprendere? Innanzitutto la scoperta smontò l'idea secondo cui il sistema nervoso centrale è statico e programmato geneticamente. L'NGF svolge il ruolo di modulatore centrale di tutti i sistemi che hanno una funzione importante nel regolare l'equilibrio fra l'organismo e l'ambiente esterno e che, in determinate condizioni, possono riparare danni nel sistema nervoso, in quello endocrino e in quello immunitario.

Con la continuazione degli studi si è potuto appurare che tale fattore non si limita ad agire durante lo sviluppo embrionale, controllando la crescita delle cellule nervose, ma svolge un ruolo importante anche nell'organismo adulto. Inoltre, si è scoperto essere presente anche nell'ovocita e nello spermatozoo. Insomma, in ogni fase della vita.

La stessa Levi-Montalcini dichiara che l'NGF è molto più di una molecola proteica di grande attività: è una molecola vitale, senza la quale la vita si fermerebbe. Alcuni esperimenti hanno infatti dimostrato che somministrando l'anti-NGF alle cavie, sia prima sia dopo la nascita dell'organismo, queste vivono, ma per brevissimo tempo.

Gli studi proseguono ancora oggi e con il passare degli anni queste scoperte sono state applicate in ambiti diversi. Per esempio, il risultato della somministrazione sui topi sembra dimostrare la capacità dell'NGF di bloccare l'avanzare del morbo di Alzheimer; potrebbe rivelarsi utile anche nella cura di altre malattie neurodegenerative, quali il morbo di Parkinson e la sclerosi laterale amiotrofica.

Soprattutto negli ultimi vent'anni numerose ricerche hanno dimostrato che l'NGF potrebbe avere un ruolo importante nel controllare i fattori di crescita coinvolti in malattie autoimmuni quali la sclerosi multipla, la psoriasi e qualche forma di artrite reumatoide. Il suo legame con le difese dell'organismo è stato inoltre dimostrato grazie allo stimolo che questo fattore esercita sulle cellule immunitarie chiamate «mastociti», e alla scoperta che favorisce la replicazione del virus dell'AIDS nelle cellule nervose.

Con l'NGF si sono riattivate le cellule staminali dei neuroni e si è aiutato il funzionamento cardiaco dopo un infarto; uno spray si è dimostrato efficace contro le piaghe da decubito.

L'NGF ha creato anche un contatto tra la medicina ufficiale occidentale e quella cinese riguardo allo studio di malattie infiammatorie e neurodegenerative. Inoltre, uno studio dell'Università di Pavia ha identificato in questa «molecola factotum» il motore dell'innamoramento e della passione.

La stessa professoressa ha ammesso di farne uso, sotto forma di gocce, tutti i giorni per i suoi problemi di vista legati all'età.

Produrre l'NGF in laboratorio, però, comporta costi enormi e le ditte farmaceutiche non lo faranno finché, dice la stessa Levi-Montalcini, «non gli sarà garantita la certezza del metodo». Rita Levi-Montalcini ha insistito per anni affinché si avviasse la produzione di NGF umano da utilizzare a scopo di ricerca in vista di un futuro impiego terapeutico. Ed è stato proprio il suo gruppo a fare il primo passo in questa direzione, ottenendo l'NGF umano da cellule di farfalla.

Una scoperta importante che ha pienamente meritato il premio Nobel, ma che necessita ancora della totale disponibilità di persone disposte a dedicare la propria vita alla ricerca, per poter mettere a punto un metodo scientificamente riconosciuto che dia la possibilità di utilizzare questa «molecola tuttofare» per migliorare le condizioni quotidiane di molte persone. Questa sarebbe la più grande soddisfazione per la scienziata, per la quale la vita va intesa come occasione «per aiutare chi ha bisogno, perché questa è la cosa più importante».

Tempo di lettura: _____   **Parole del testo: 1.449**

Domande

1. Quale presidente proclama senatore a vita Rita Levi-Montalcini?

_____

_____

_____

_____

_____

2. Cosa secondo la Montalcini è più consono alla natura umana?

_____

_____

_____

_____

_____

3. In quale università la Montalcini divenne docente?

_____

_____

_____

_____

_____

4. Con quale associazione romana collabora la Montalcini?

_____

_____

_____

_____

_____

5. Di cosa tratta il libro *L'asso nella manica a brandelli*?

_____

_____

_____

_____

_____

6. Per quale scoperta scientifica Rita Levi-Montalcini ha ricevuto il premio Nobel?

_____

_____

_____

_____

_____

7. Dove fu dimostrato che l'NGF (Nerve Growth Factor) è un fattore specifico che determina la crescita dei neuroni?
   a) Washington
   b) Bruxelles
   c) Rio de Janeiro

8. Quale ruolo svolge l'NGF?

_____

_____

_____

_____

_____

9. In quale fase della vita agisce l'NGF?
   a) Durante lo sviluppo embrionale
   b) Nell'organismo adulto
   c) In ogni fase della vita

10. Cosa deve succedere affinché le ditte farmaceutiche inizino a produrre artificialmente l'NGF?

_____

_____

_____

_____

_____

Risposte e punteggi

1. Carlo Azeglio Ciampi. **(5 punti)**

2. L'imperfezione. **(5 punti)**

3. Washington University. **(10 punti)**

4. EBRI. **(10 punti)**

5. È un saggio sulla vecchiaia e su come affrontarla serenamente. **(15 punti)**

6. Per la scoperta dei fattori di crescita del sistema nervoso. **(15 punti)**

7. C. Rio de Janeiro. **(5 punti)**

8. L'NGF svolge il ruolo di modulatore centrale di tutti i sistemi che hanno una funzione importante nel regolare l'equilibrio fra l'organismo e l'ambiente esterno e che, in determinate condizioni, possono riparare danni nel sistema nervoso, in quello endocrino e in quello immunitario. **(15 punti)**

9. C. In ogni fase della vita. **(5 punti)**

10. Deve essere garantita la certezza del metodo. **(15 punti)**

C = _____

PAM = Parole del testo per 60 / Tempo di lettura in secondi =
_____

R = PAM per C / 100 _____

Anime e censura
Quando l'animazione viene considerata solo per l'infanzia

È cosa nota in molti Paesi, come l'America – dove è possibile vedere i *Simpson*, *American Dad!*, *Family Guy*, *South Park* – e, ultimamente, grazie a film quali *L'era glaciale* e *Shrek*, anche in Italia sta prendendo piede l'idea che l'animazione non sia un prodotto esclusivamente per l'infanzia. Purtroppo così non è stato per molti anni, e si è assistito a un allucinante fenomeno di trasformazione di prodotti originariamente per adolescenti (se non per adulti) in qualcosa di totalmente diverso e distorto. Stiamo parlando dei «cartoni animati giapponesi». *Holly e Benji*, *Lupin III*, *Lady Oscar*, *Kiss Me Licia*: chi di noi non ha guardato almeno un cartone giapponese quando era piccolo? Il pomeriggio dei bambini era dedicato a quello, con contenitori di intrattenimento come *Solletico* o *Bim Bum Bam*. Ma chi ha provato a riguardarli da adulto? Se qualcuno l'ha fatto si sarà sicuramente reso conto che qualcosa non torna. Perché?

Innanzitutto il termine esatto è «anime», dall'abbreviazione di *animēshon* (traslitterazione giapponese della parola inglese «animation», animazione) e si tratta tanto di un prodotto di intrattenimento commerciale, quanto di un fenomeno culturale popolare di massa, potenzialmente indirizzato a ogni tipo di età a seconda del genere, che può essere d'amore, d'avventura, di fantascienza, storie per bambini, letteratura, sport, fantasy, erotismo e altro ancora. Per non parlare dei diversi tipi di format: serie per la tv, lungometraggi, mediometraggi e cortometraggi per il cinema, più quelli per Internet e la web tv chiamati «Original net anime».

Il principio della storia dell'animazione giapponese si può far risalire già alla fine del periodo Edo (1603-1868), ma sono gli anni Sessanta del secolo scorso, con l'avvento della televisione e un fiorente e dinamico mercato di manga (fumetti), a segnare la data di nascita dell'industria moderna dell'animazione giapponese. L'industria degli anime conta circa 430 case di produzione in Giappone, di cui più della metà ha sede nei quartieri centrali di Tokyo.

Sin dal principio e sempre più spesso, i personaggi degli anime vengono sfruttati a fini pubblicitari per i prodotti più disparati, garantendo così alle case di produzione ulteriori entrate, e comincia anche a prendere piede il finanziamento diretto delle serie da parte dei produttori di giocattoli, soprattutto nell'ambito del genere robotico, finalizzato al successivo merchandising di gadget e modellini. Si pensi all'attuale invasione del marchio della gattina bianca, *Hello Kitty*, il più noto personaggio dell'azienda giapponese Sanrio, che produce un'enorme varietà di prodotti che vanno dai biglietti d'auguri ai gadget, dagli articoli da regalo alla moda eccetera.

Con la prepotente crescita del mercato dei videogiochi da casa, tra gli anni Ottanta e Novanta, si ha un'altra fase di stallo che porta i creativi dell'animazione nipponica a rispondere a tono con la serie *Shin Seiki Evangerion* (*Neon Genesis Evangelion*) di Hideaki Anno, che nel 1995 ha imposto con successo i canoni della cosiddetta «Nuova animazione seriale» giapponese, ovvero una maggiore autorialità, un minor numero di episodi, una regia più vicina a quella cinematografica e una maggiore libertà dai soggetti dei manga e dal merchandising.

Come accade per qualsiasi *medium* ovunque nel mondo, anche gli anime veicolano inevitabilmente la cultura dei loro autori. Vari e numerosi sono infatti negli anime i riferimenti e i richiami a elementi fondamentali del costume e della società nipponici, che possono individuarsi, in via di estrema approssimazione, nelle tradizioni shintoista e buddhista, nel *bushidō* (la via del guerriero, il codice di condotta dei samurai), in particolari relazioni o regole sociali, quali, per esempio, il rapporto *senpai-kōhai* (studente anziano-studente più giovane, utilizzato anche in ambito non scolastico come forma di rispetto), ma anche nel controverso dibattito sociale sul rapporto tra uomo, natura e tecnologia. E qui iniziano i problemi.

L'Italia, pur essendo stato uno dei primi Paesi occidentali a importare anime (tra la fine degli anni Settanta e l'inizio degli anni Ottanta furono oltre un centinaio le serie acquistate), per anni, erroneamente, si è ritenuto – e si tratta più che altro di un equivoco culturale – che l'animazione fosse rivolta sempre e solo ai bambini e per questo motivo mandata in onda nella fascia pomeridiana o al mattino presto (sia in RAI sia in Fininvest). Per questo motivo si riscontrano prodotti nati per adolescenti o adulti forzatamente adattati per l'età infantile attraverso una riscrittura dei dialoghi, tagli di scene e in alcuni casi di interi episodi. A questo punto è facile intuire come molti prodotti risultino incomprensibili e senza senso agli occhi di un adulto (mentre un bambino «non si pone più di tanto il problema»). Tra gli adattamenti principali troviamo l'italianizzazione (o più spesso l'americanizzazione) dei nomi dei protagonisti, in quanto si ritiene la lingua giapponese troppo difficile per i bambini, e l'omissione di ogni riferimento culturale troppo specifico, per cui i ragazzi in gita vanno su una generica «montagna» e mangiano pasta. Uno dei grandi pregi di questi prodotti, come si è già detto, sta proprio nella diffusione della cultura: leggere manga, difficilmente censurati, è uno dei modi più semplici per apprendere le abitudini alimentari, con tanto di ricette, o conoscere i principali e più caratteristici luoghi di interesse e villeggiatura. Ovviamente poi si assiste al taglio o camuffamento di scene di violenza o con contenuti ritenuti eccessivamente erotici (per intenderci: tagli di scene ambientate in spiaggia, perché i ragazzi sono – ovviamente – in costume da bagno). In alcuni casi, non rari purtroppo, si ha uno stravolgimento quasi totale della trama, di cui ci si chiede il perché: con tutta la scelta possibile, perché non comprare un prodotto più adatto al target? Come già accennato, però, l'idea predominante è che un bambino non si farà troppe domande. Inoltre spesso si ha l'aggiunta di dialoghi, soprattutto per coprire i momenti di silenzio, a quanto pare ritenuti inaccettabili (questo per quanto riguarda, per esempio, le scene romantiche, dove magari due protagonisti si fissano negli occhi: qui vengono spesso aggiunti monologhi per spiegare – ce n'è bisogno? – ciò che sta per accadere).

Ma si sa, in Italia degli anime si ha sempre avuto paura. Basti pensare allo scandalo suscitato dalla serie *Sailor Moon* di cui la psicologa (nonché per un periodo presidentessa degli Psicologi italiani) Vera Slepoj disse: «Potrebbe indurre comportamenti gay poiché propone un'eroina forte che tende a femminilizzare il loro modo di vivere», riferendosi ai ragazzi.

Altri prodotti, come il famosissimo *Pokémon*, oltre le varie censure hanno subìto una posticipazione nella messa in onda, poiché ritenuti inadatti. Nel caso dei mostriciattoli, si tratta di questioni derivate dall'America (da cui l'Italia ha preso il prodotto già adattato, aggiungendo solo leggere modifiche), tra cui l'accusa di istigare al satanismo. L'accusa poggia su queste basi: i Pokémon possono essere catturati e successivamente evocati, quindi si tratta di demoni; si evolvono, quindi viene a mancare il presupposto creazionista; infine l'ormai celebre frase «Gotta catch 'em all» (acchiappali tutti) se ascoltata al contrario (in *backmasking* per la precisione) suona come «I love Satan» (Amo Satana) oppure «Oh Satan».

In *Mila e Shiro* (*Attacker You!* nell'originale), tralasciando ancora una volta l'adattamento dei nomi e lo stravolgimento dovuto al non voler mostrare una situazione famigliare difficile, Mila viene presentata come la cugina di Mimì Ayuhara, protagonista di un anime all'epoca famosissimo, uscito in Italia pochi anni prima, *Mimì e la nazionale di pallavolo*. Inutile dire che non è così nella versione giapponese.

Un altro grande esempio è *Lady Oscar*, le cui censure risultano ancora più assurde se si pensa che vennero fatte in un secondo momento: la versione degli anni Ottanta presentava soltanto alcuni dialoghi adattati o tradotti male, mentre solo negli anni Novanta furono effettuati i grossi tagli, primo fra tutti l'elisione dei finali perché nell'angolo sinistro appariva una minuscola scritta in giapponese che voleva dire «Continua». La più grande censura si ha qui nella «scena d'amore», che già nella versione giapponese era assolutamente casta: un uomo e una donna nudi abbracciati, ma totalmente coperti dalla chioma di lei (per l'occasione addirittura allungata); in Italia si è deciso di eliminare l'intera scena.

E gli esempi sarebbero ancora molti. Tutto questo sembra, come minimo, inappropriato; fortunatamente negli ultimi tempi, soprattutto grazie all'avvento del digitale terrestre, anche in Italia è possibile conoscere lo splendido mondo degli anime così come nell'originale, grazie soprattutto a Rai4, e gli appassionati non possono che ringraziare MTV che da sempre ha ignorato le bislacche abitudini italiane, non censurando mai alcun prodotto.

Tempo di lettura: _____   **Parole del testo: 1.376**

Domande

1. Elenca due esempi di film d'animazione (americani) degli ultimi tempi considerati non solo per bambini.

   _____
   _____
   _____
   _____
   _____

2. Il termine *anime* deriva dall'abbreviazione di _____, traslitterazione della parola inglese _____.

3. Come si chiamano i format di animazione giapponese per Internet e la web tv?

   _____
   _____
   _____
   _____
   _____

4. Il personaggio di *Hello Kitty* a quale azienda giapponese appartiene?
   a) Dynamic
   b) Anno
   c) Sanrio

5. Il termine *senpai* indica:
   a) Un fratello minore
   b) Un compagno di scuola più anziano
   c) L'amica del cuore

6. Che cos'è il *bushidō*?

   _____
   _____
   _____
   _____
   _____

7. Perché in alcuni casi si ha un'aggiunta di dialoghi?

_____

_____

_____

_____

_____

8. Quali sono i tre motivi elencati per cui i *Pokémon* sono stati accusati di incitare al satanismo?

_____

_____

_____

_____

_____

9. Perché nella versione degli anni Novanta, le scene finali di *Lady Oscar* vennero tagliate?

_____

_____

_____

_____

_____

10. Negli ultimi tempi anche in Italia è possibile conoscere lo splendido mondo degli «anime» così come nell'originale. Grazie a quale tecnologia?
    a) Televisione satellitare
    b) Digitale terrestre
    c) Televisione via cavo

Risposte e punteggi

1. *L'era glaciale* e *Shrek*. **(5 punti per ognuna)**
2. Animēshon, animation. **(5 punti per ognuna)**
3. Original net anime. **(10 punti)**
4. C. Sanrio. **(5 punti)**
5. B. Un compagno di scuola più anziano. **(5 punti)**

6. La via del guerriero, il codice di condotta dei samurai. **(15 punti)**
7. Per coprire il silenzio, ritenuto inaccettabile, in alcune scene, soprattutto quelle romantiche. **(15 punti)**
8. Essendo degli esseri che possono essere catturati e successivamente evocati si tratta di demoni; poiché si evolvono, viene a mancare il precetto creazionista; la frase «Gotta catch 'em all» (acchiappali tutti) se ascoltata al contrario (in backmasking)
   suona come «I love Satan» (Amo Satana) oppure «Oh Satan». **(5 punti per ogni esempio)**
9. Perché compariva la scritta in giapponese che voleva dire «Continua». **(10 punti)**
10. B. Digitale terrestre. **(5 punti)**

C = _____
PAM = **Parole del testo per 60 / Tempo di lettura in secondi =**

_____
R = **PAM per C / 100** _____

Ringraziamenti

I NOSTRI più sentiti ringraziamenti vanno a tutte le persone che hanno contribuito alla creazione di questo libro, in particolare a Luca Lorenzoni per l'appoggio e l'entusiasmo che ha sempre dimostrato per il progetto.

A tutti gli istruttori e ai tutor di Your Trainers Group, per la passione e la dedizione che ogni giorno dimostrano con il loro lavoro in ognuna delle nostre sedi.

A Serena Jura, Serena Tabori, Veronica Romanisio, Francesco Conti, Chiara Savino, Michele D'Antino e Monica Ambrosino per la straordinaria disponibilità dimostrata nell'aiutarci concretamente a rendere migliori i testi e le tecniche del libro.

A Elisabetta Albieri, Ester Mazzoni e a tutto lo staff di Sperling & Kupfer per averci affiancati con professionalità e dedizione per rendere il testo sempre migliore.

A Ilaria Pacini per l'impegno e la puntualità con cui ha migliorato il nostro lavoro.

E infine a tutti i corsisti e collaboratori di Your Trainers Group, che sono l'esempio migliore di tutto ciò che viene insegnato in queste pagine e che rendono straordinario ciò che facciamo ogni giorno.

Bibliografia

AAMODT, SANDRA, WANG, SAM, *Il tuo cervello. Istruzioni per l'uso e la manutenzione*, Mondadori, Milano 2008.

BUZAN, TONY, *Usiamo la memoria*, Frassinelli, Milano 2004.

—, *Lettura veloce*, Alessio Roberti, Urgnano (BG) 2008.

—, *Usiamo la testa*, Sperling & Kupfer, Milano 2011.

BUZAN, TONY, BUZAN, BARRY, *Mappe mentali*, Alessio Roberti, Urgnano (BG) 2008.

COVEY, STEPHEN R., *Le sette regole per avere successo*, Franco Angeli, Milano 2005.

DE BONO, EDWARD, *Creatività e pensiero laterale*, Rizzoli, Milano 2007.

DISPENZA, JOE, *Evolvi il tuo cervello*, Macro Edizioni, Cesena (FC) 2008.

MALTZ, MAXWELL, *Psico-cibernetica*, Astrolabio, Roma 1965.

OLIVERIO, ALBERTO, *L'arte di ricordare*, Rizzoli, Milano 2004.

PAPAGNO, COSTANZA, *Come funziona la memoria*, Laterza, Roma-Bari 2008.

POSSENTI, MAURIZIO, *Tecniche di memoria e lettura veloce*, Giunti Demetra, Firenze 2009.

STANDING, LIONEL, «Learning 10.000 pictures», in *Quarterly Journal of Experimental Psychology*, vol. 25, n. 2, 1973, pagg. 207-22.

ZIELKE, WOLFGANG, *Le tecniche di lettura rapida*, Franco Angeli, Milano 2001.

IN TUTTE LE LIBRERIE

il nuovo libro di

Massimo De Donno
Giacomo Navone
Luca Lorenzoni
INGLESE IN 21 GIORNI

Quante volte hai pensato: avrei dovuto studiarlo meglio a scuola?
Quante volte hai notato che tra i requisiti indispensabili per le as-
sunzioni c'è una buona conoscenza della lingua inglese? Quante
volte ti è capitato di ascoltare una canzone in inglese e di afferrarne
a malapena il senso? Sfruttando al meglio le potenzialità della mente, comprese quelle che non sappiamo nemmeno di avere, questo
libro applica il famoso metodo Your Magister, testato su migliaia
di persone, allo studio dell'inglese. Tecniche mnemoniche, innovativi strumenti di apprendimento efficace – come la full immersion
mentale – e un'accurata e strategica selezione di vocaboli, regole
grammaticali, eccezioni, modi di dire, garantiscono di imparare velocemente e per sempre tutto ciò che serve per lo studio, il lavoro
e il tempo libero. Anche partendo da zero e in sole tre settimane.
Un potente kit, corredato di utili esercizi, che in modo semplice
e inesorabile porta il lettore a cavarsela egregiamente in tutte le
situazioni, dalla semplice conversazione al colloquio di lavoro, dal
negoziato d'affari al viaggio all'estero, dalla scrittura di una mail
alla lettura di un libro in lingua originale.

Stampato presso ELCOGRAF S.p.A.
Stabilimento di Cles (TN)